前言

Preface

“读图时代”怎么能少了好玩的图形思维游戏？

看图猜成语游戏用一幅画或几个汉字来表示一个成语，中华成语千千万，你知道但不一定能猜到，猜到不一定答得出来，不服就来猜猜看！

火柴图形游戏是通过拼排、挪移火柴组成各种图形，来考察读者的思维能力。火柴只是游戏道具，你也可以用牙签、筷子、笔甚至香烟来代替，随时可以实践啊！

扑克图形游戏是一种以扑克牌为道具的图形游戏。扑克牌是普及大众、携带和使用都十分方便的游戏道具，它可以将54张扑克牌进行千变万化的排列组合，扑克图形游戏也因而诞生。

字母规律游戏是在西方世界广为流传的一种思维游戏，主要包括线条构成、间隔规律、正序运算、反序运算、破译密码等，在英语迅速普及的当下，进行字母游戏，既可开阔眼界，还能培养英语思维。

数字规律游戏是一种非常考验玩家观察能力、逻辑思维能力的找规律游戏。在游戏中，读者需要找到一组数字里面的规律，根据规律找到游戏的答案。来试试看吧！

图形规律游戏近年来在我国公务员考试题、MBA逻辑题中经常出现，和数字规律游戏、字母规律游戏有异曲同工之妙。找寻图形中隐藏的规律既需要敏锐的观察力，又需要严密的逻辑推理能力，特别是面对复杂的图形。你敢挑战吗？

本书会将你带入一个图形的魔法世界，在娱乐和游戏中来一场“头脑风暴”吧！

编　者

2014年8月

目录

Contents

500个

张祥斌◎编著

中国财富出版社

图书在版编目（CIP）数据

聪明人最爱的图形思维游戏500个 / 张祥斌编著. —北京：中国财富出版社，2014.9
ISBN 978-7-5047-4854-6

Ⅰ.①聪… Ⅱ.①张… Ⅲ.①智力游戏-通俗读物 Ⅳ.①G898.2

中国版本图书馆CIP数据核字（2013）第229168号

策划编辑 张 娟　　**责任印制** 何崇杭
责任编辑 张 娟　　**责任校对** 梁 凡

出版发行 中国财富出版社
社　　址 北京市丰台区南四环西路188号5区20楼　　**邮政编码** 100070
电　　话 010-52227568（发行部）　　010-52227588转307（总编室）
　　　　　010-68589540（读者服务部）　　010-52227588转305（质检部）
网　　址 http://www.cfpress.com.cn
经　　销 新华书店
印　　刷 北京京都六环印刷厂
书　　号 ISBN 978-7-5047-4854-6/G·0572
开　　本 787mm×1092mm　1/16　　**版　　次** 2014年9月第1版
印　　张 14　　**印　　次** 2014年9月第1次印刷
字　　数 290千字　　**定　　价** 32.00元

初　级

看图猜成语

游戏 1

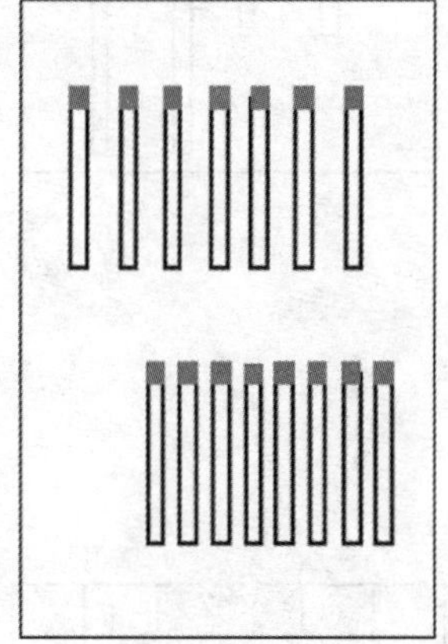

答案：七上八下

游戏 2

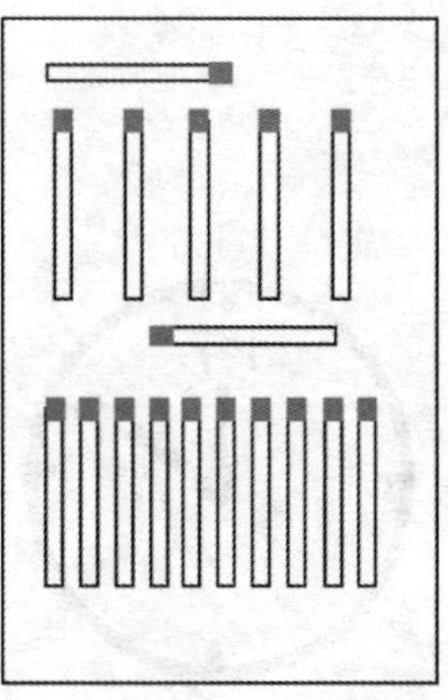

答案：一五一十

游戏3

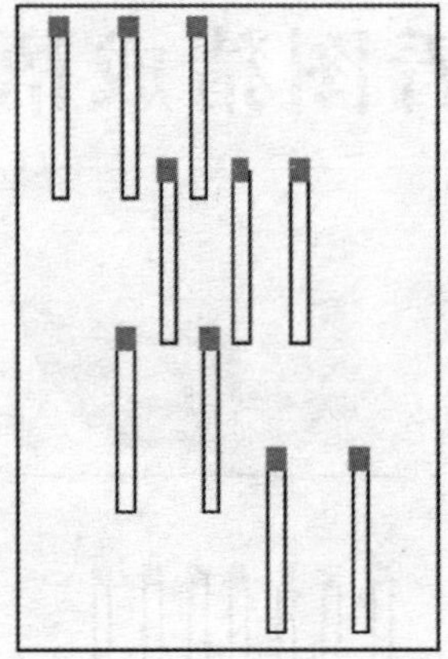

答案：三三两两

游戏4

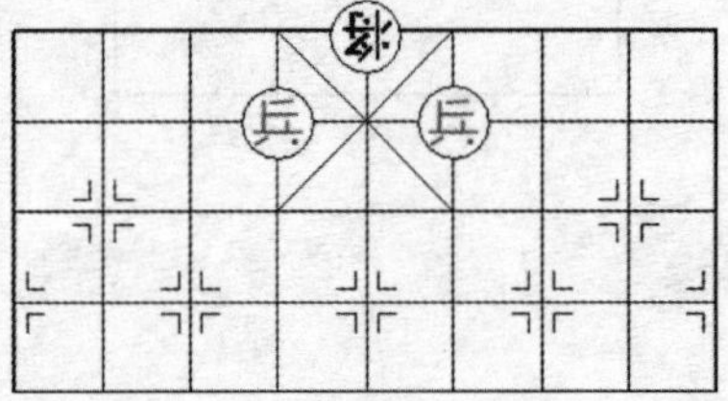

答案：残兵败将

游戏5

答案：度日如年

游戏 6

答案：漆黑一团

游戏 7

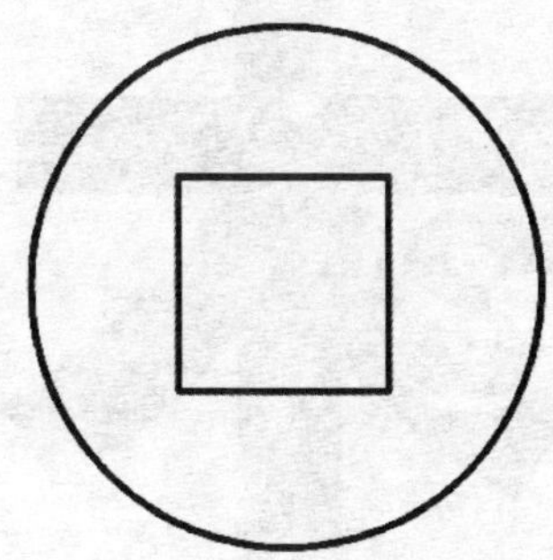

答案：外圆内方

游戏 8

答案：可圈可点

游戏9

答案：树大招风

游戏10

答案：入木三分

游戏11

答案：滴水穿石

游戏 12

答案：垂涎欲滴

游戏 13

答案：水到渠成

游戏 14

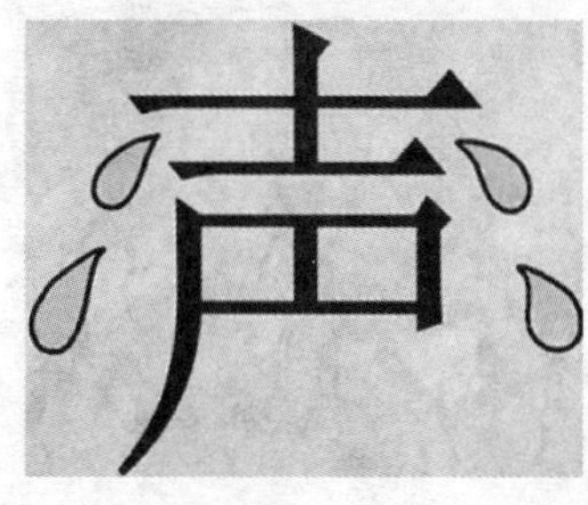

答案：声泪俱下

游戏 15

答案：力争上游

游戏 16

答案：腾云驾雾

游戏 17

答案：一叶知秋

游戏 18

答案：怒火中烧

游戏 19

答案：深不可测

游戏 20

答案：揠苗助长

游戏 21

答案：大显身手

游戏 22

答案：大腹便便

游戏 23

答案：死不瞑目

游戏 24

答案：迫在眉睫

游戏 25

答案：马失前蹄

游戏26

答案：脱缰之马

游戏27

答案：狗急跳墙

游戏28

答案：白驹过隙

游戏 29

答案：如虎添翼

游戏 30

答案：画地为牢

游戏 31

答案：扪心自问

游戏 32

答案：魂不附体

游戏 33

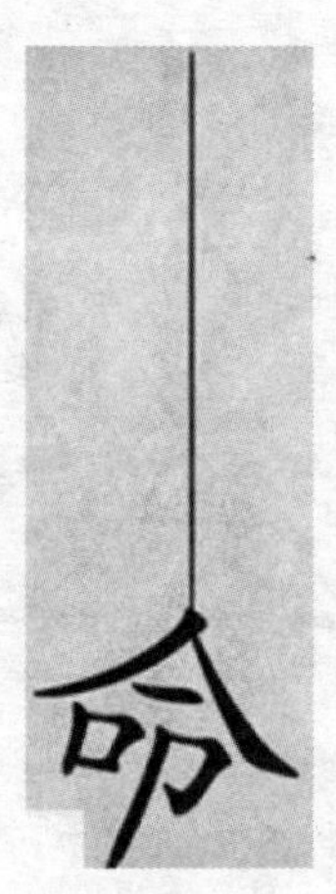

答案：命悬一线

游戏 34

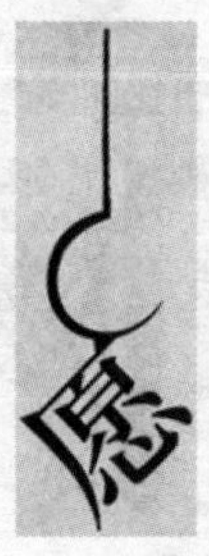

答案：愿者上钩

 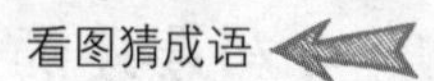

游戏 35

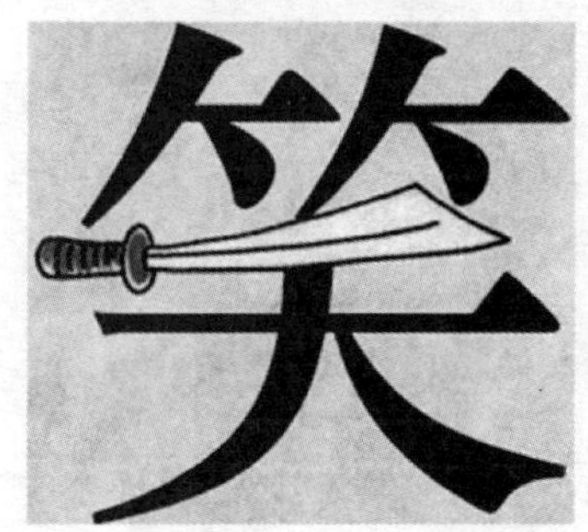

答案：笑里藏刀

游戏 36

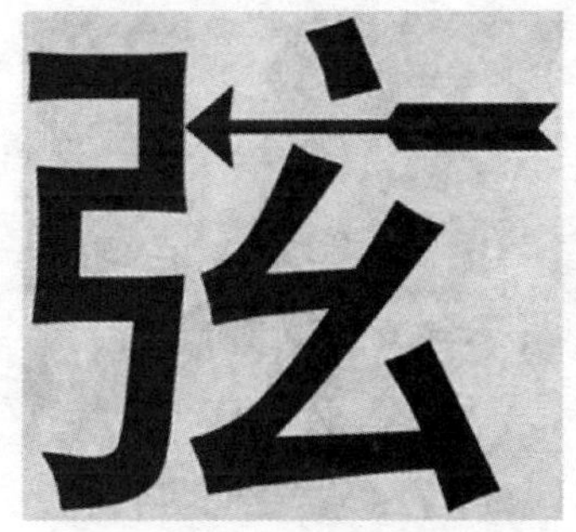

答案：如箭在弦

游戏 37

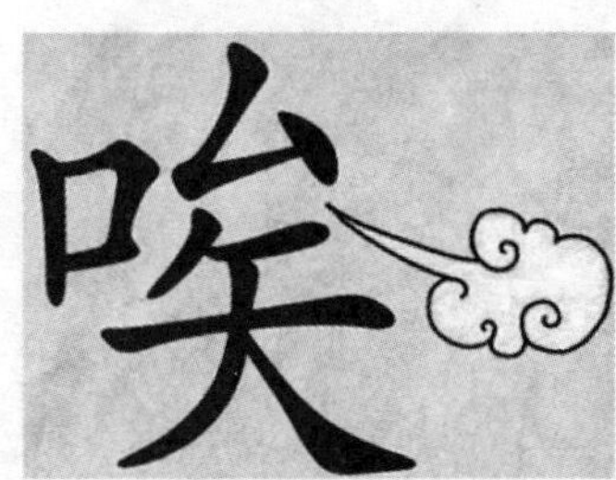

答案：唉声叹气

游戏38

答案：扬眉吐气

游戏39

答案：嗤之以鼻

游戏40

答案：大跌眼镜

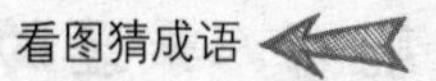

游戏 41

答案：贼喊捉贼

游戏 42

答案：认贼作父

游戏 43

答案：窃窃私语

游戏 44

答案：望洋兴叹

游戏 45

答案：覆水难收

游戏 46

答案：白纸黑字

游戏 47

答案：纸上谈兵

游戏 48

答案：废话连篇

游戏 49

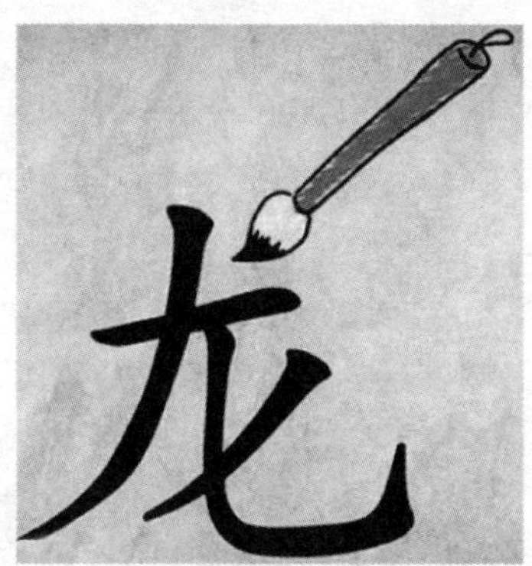

答案：画龙点睛

游戏 50

答案：抱头鼠窜

游戏 51

答案：弱不禁风

游戏 52

答案：独树一帜

游戏 53

答案：旁若无人

游戏 54

答案：巧言如簧

游戏 55

答案：曲径通幽

游戏 56

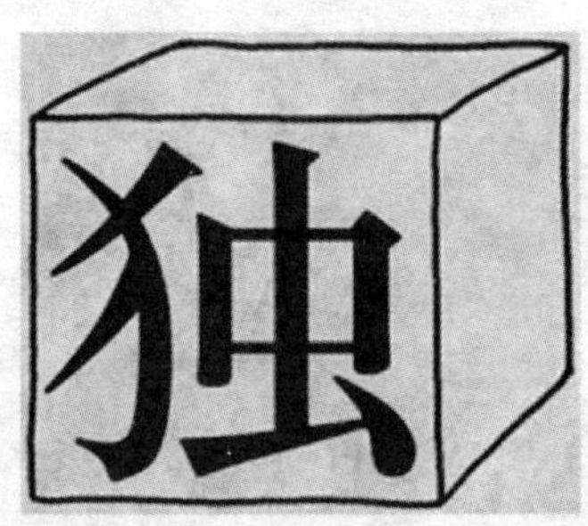

答案：独当一面

游戏 57

答案：阴阳怪气

游戏 58

答案：崭露头角

游戏 59

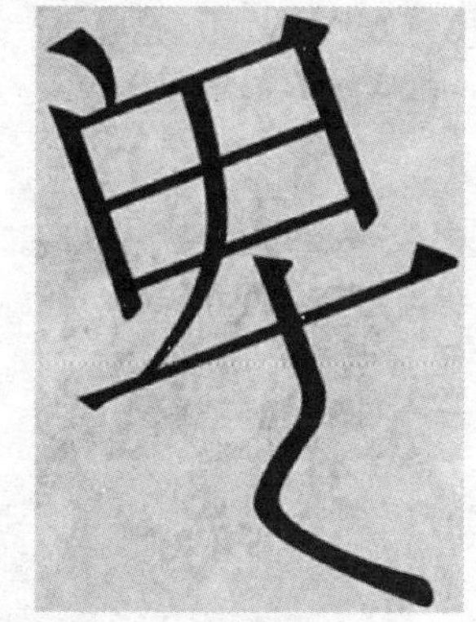

答案：卑躬屈膝

游戏 60

答案：有口难言

游戏 61

答案：门庭若市

游戏 62

答案：出口成章

游戏 63

答案：头重脚轻

游戏 64

答案：乘人不备

游戏 65

答案：老牛舐犊

游戏 66

答案：高高在上

游戏 67

答案：梁上君子

游戏 68

答案：一举两得

游戏 69

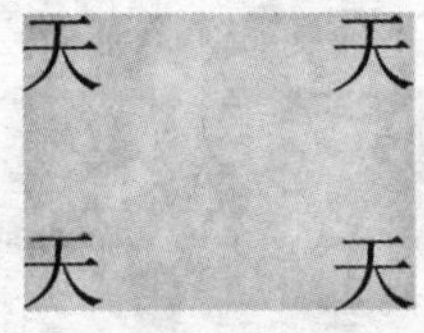

答案：天各一方

游戏 70

答案：比翼双飞

游戏 71

答案：一石二鸟

游戏 72

答案：三言两语

游戏 73

答案：半夜三更

游戏 74

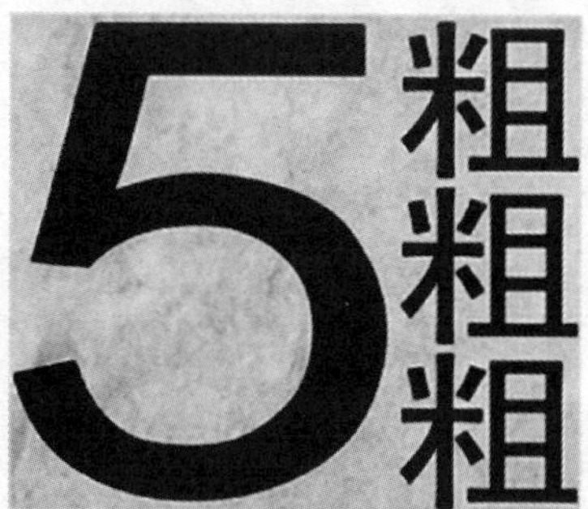

答案：五大三粗

游戏 75

答案：日上三竿

游戏 76

答案：绕梁三日

游戏 77

答案：三阳开泰

游戏 78

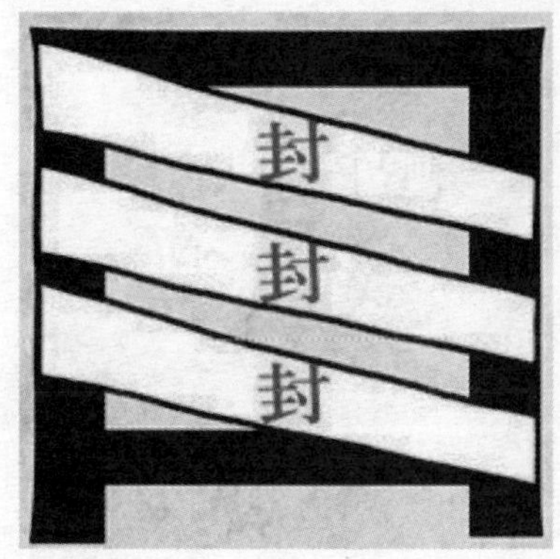

答案：三缄其口

游戏 79

答案：四脚朝天

游戏 80

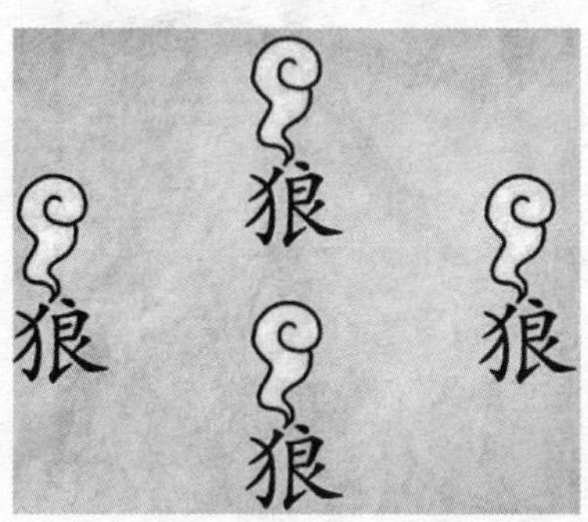

答案：狼烟四起

游戏 81

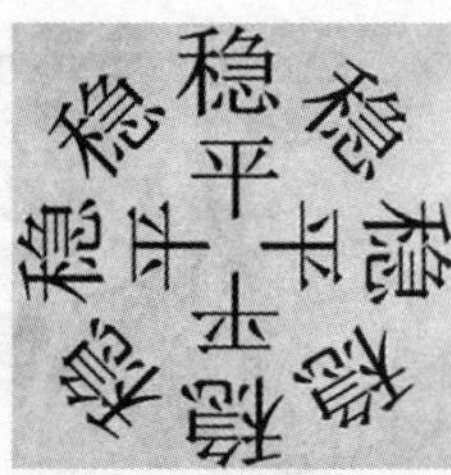

答案：四平八稳

游戏 82

答案：八面来风

游戏 83

答案：才高八斗

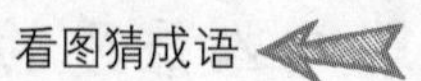

游戏 84

答案：八仙过海

游戏 85

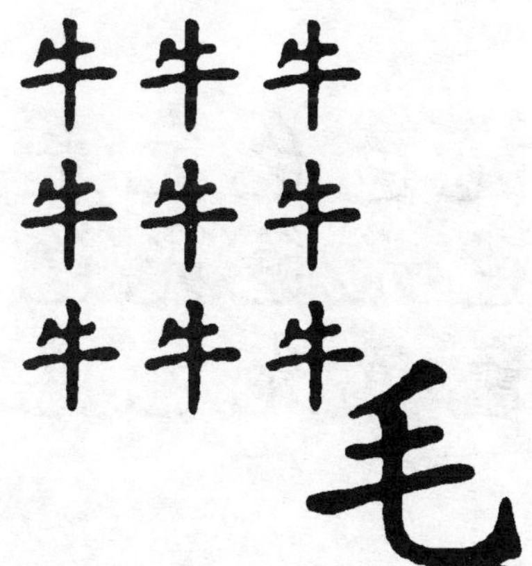

答案：九牛一毛

游戏 86

答案：龙生九子

游戏 87

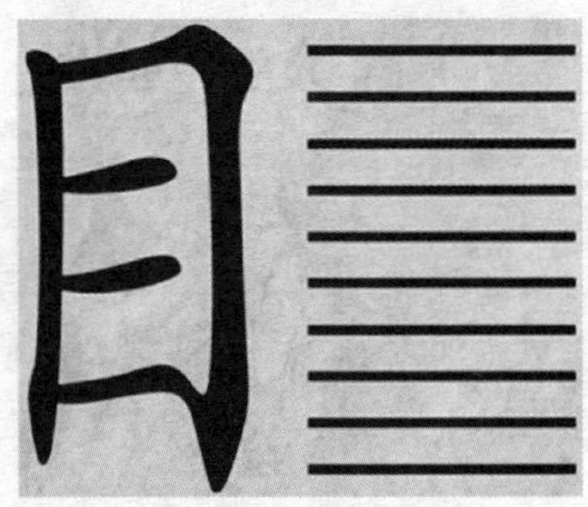

答案：一目十行

游戏 88

光 色 色 色 光
色 光 色 光 色
色 色 光 色 色

答案：五光十色

游戏 89

此 此 此
此 此 此
此 此 举

答案：多此一举

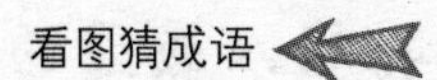

游戏 90

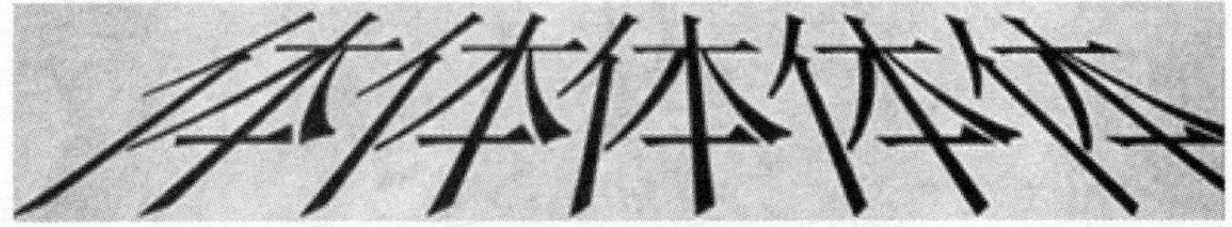

答案：五体投地

游戏 91

答案：并驾齐驱

游戏 92

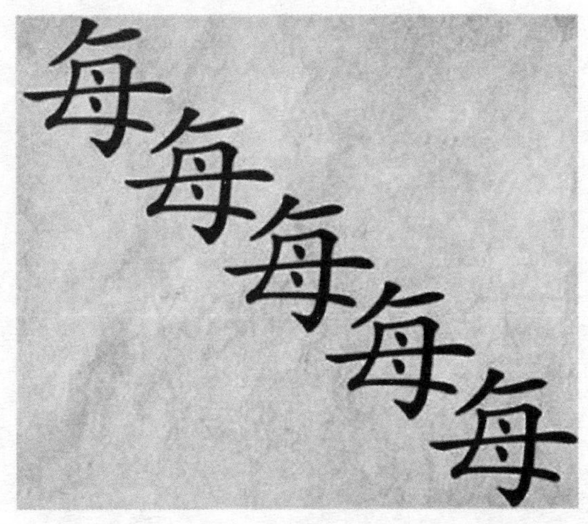

答案：每况愈下

游戏 93

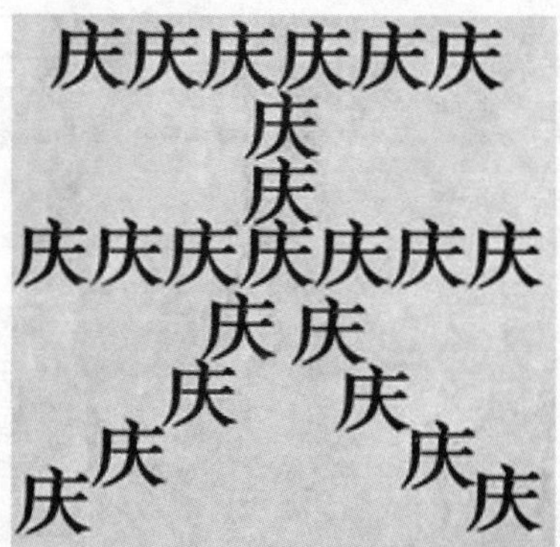

答案：普天同庆

游戏 94

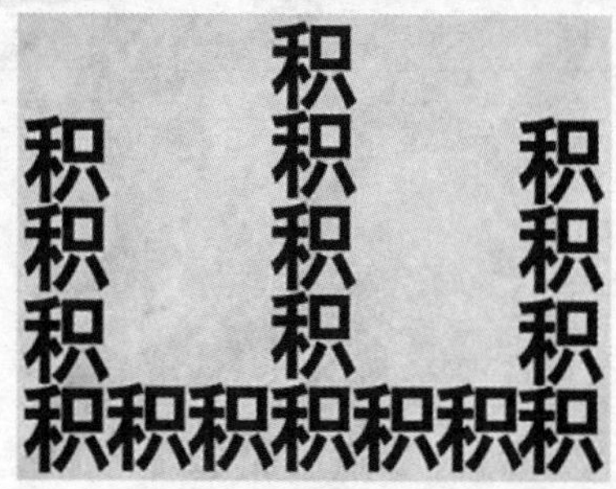

答案：堆积如山

游戏 95

答案：人山人海

游戏 96

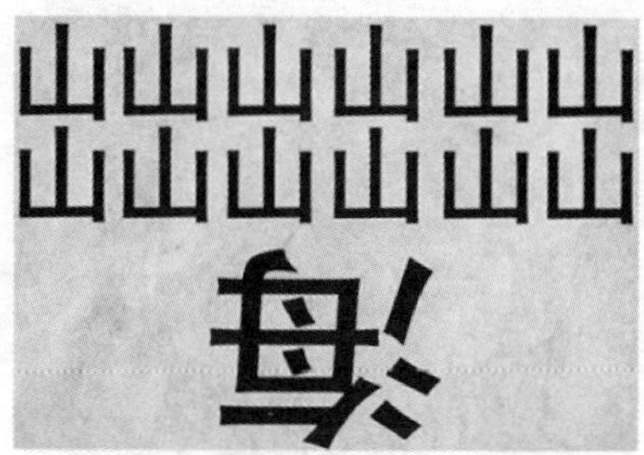

答案：排山倒海

游戏 97

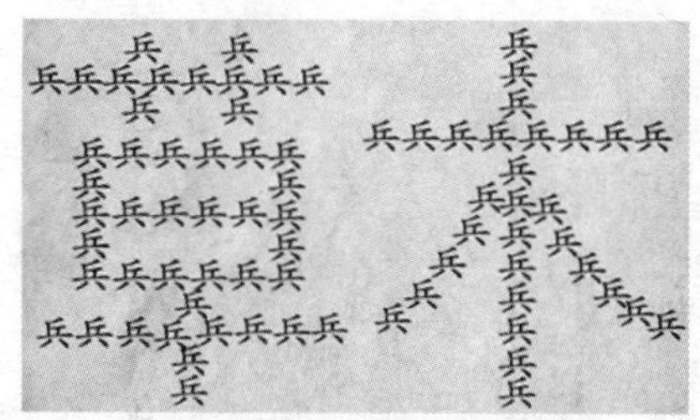

答案：草木皆兵

游戏 98

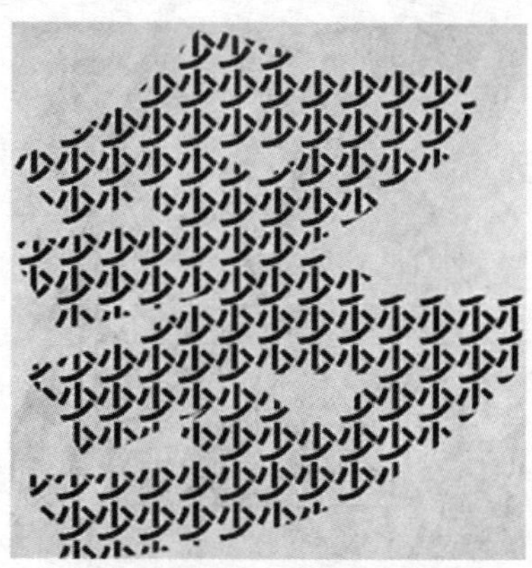

答案：积少成多

游戏 99

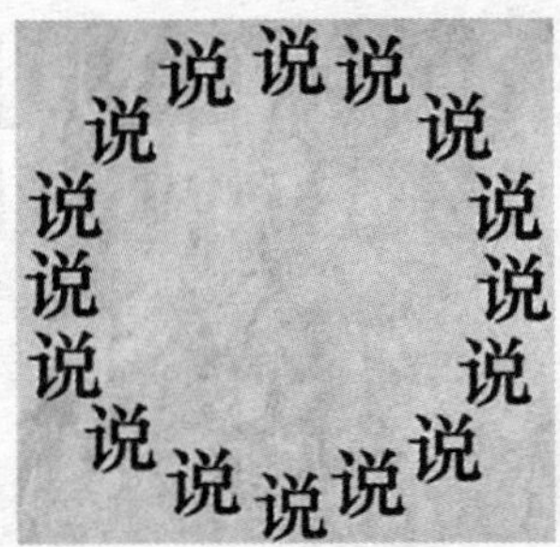

答案：自圆其说

游戏 100

答案：网开一面

游戏 101

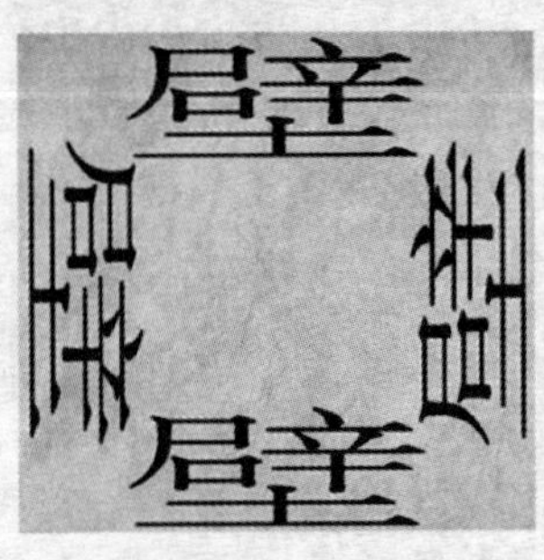

答案：家徒四壁

游戏 102

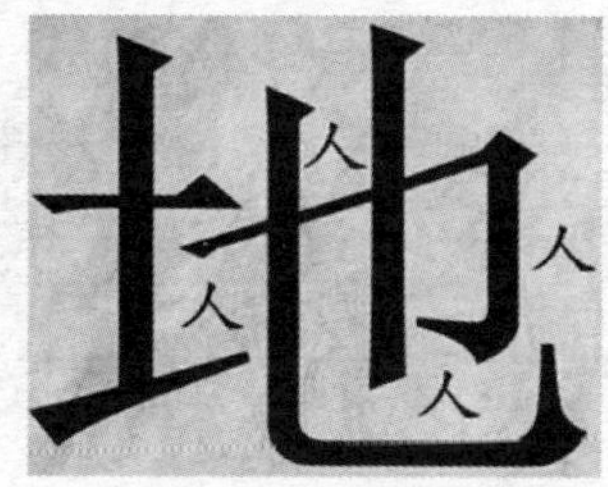

答案：地广人稀

游戏 103

答案：身怀六甲

游戏 104

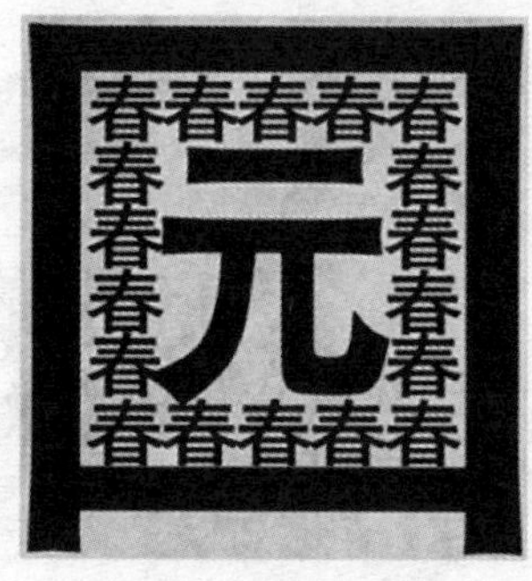

答案：满园春色

游戏 105

志志志志　　志志志志　　志志志志
志志志　　志志志志　　志志志志　　志志志
志志志志志志志志志志志志志志志志志志志志
志志志志志志志志志志志志志志志志志志志志
志志志志志志志志志志志志志志志志志志志志

答案：众志成城

游戏 106

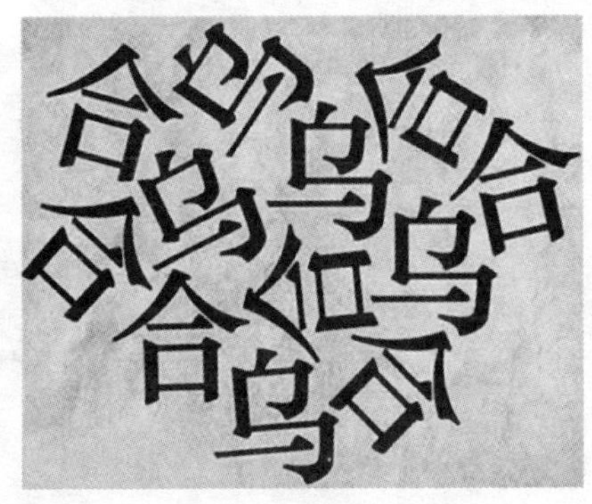

答案：乌合之众

游戏 107

答案：兵临城下

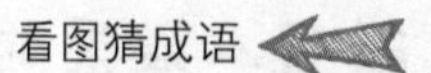

游戏 108

答案：门可罗雀

游戏 109

答案：目瞪口呆

游戏 110

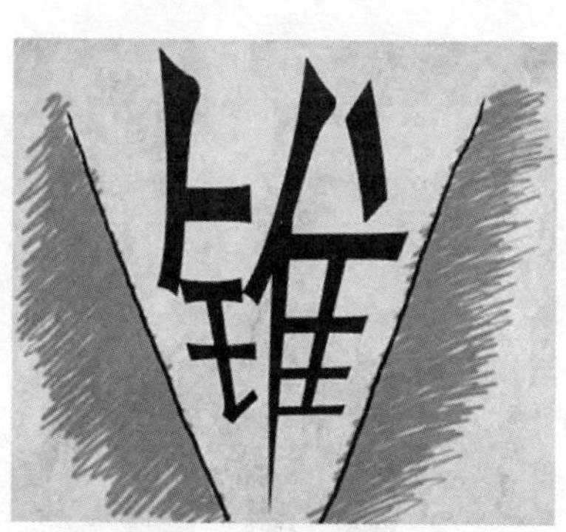

答案：立锥之地

游戏 111

答案：迎刃而解

游戏 112

答案：开膛破肚

游戏 113

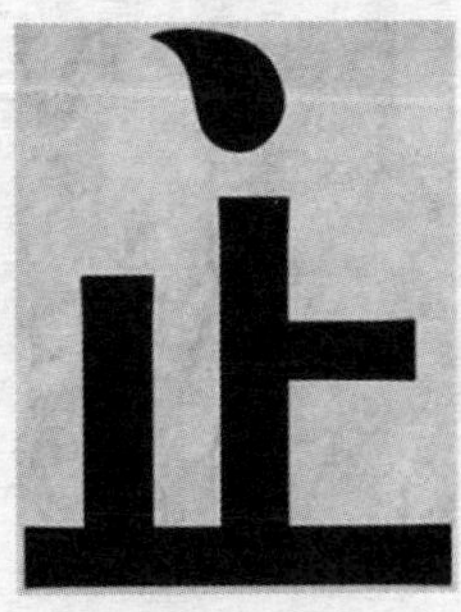

答案：点到为止

游戏 114

答案：饭来张口

游戏 115

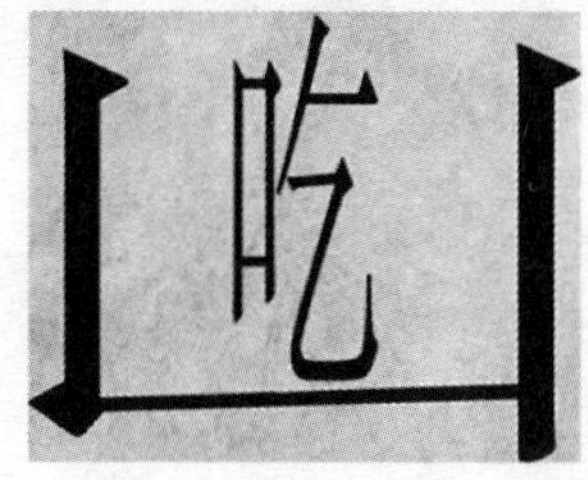

答案：坐吃山空

游戏 116

答案：不翼而飞

游戏 117

答案：夜不闭户

游戏 118

答案：文不加点

游戏 119

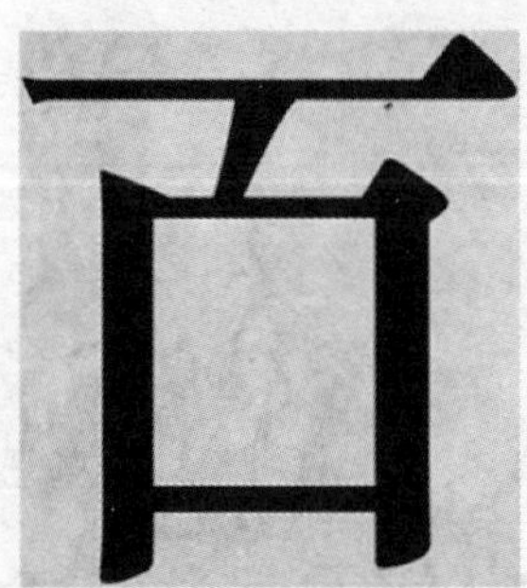

答案：百里挑一

游戏 120

答案：挖空心思

游戏 121

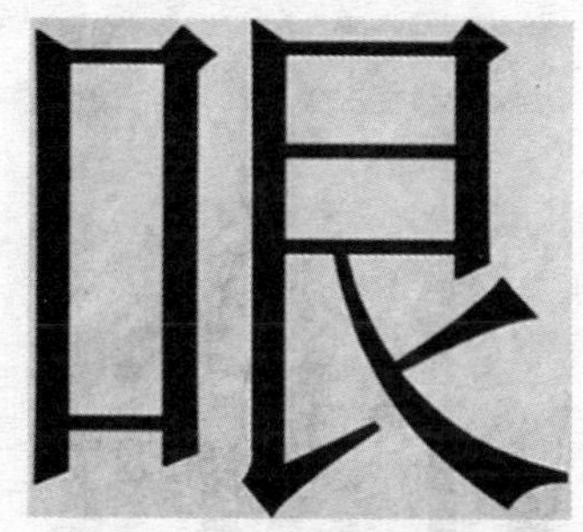

答案：有眼无珠

游戏 122

答案：美中不足

游戏 123

答案：人去楼空

游戏 124

答案：惨无人道

游戏 125

答案：脱口而出

游戏 126

答案：囊中羞涩

游戏 127

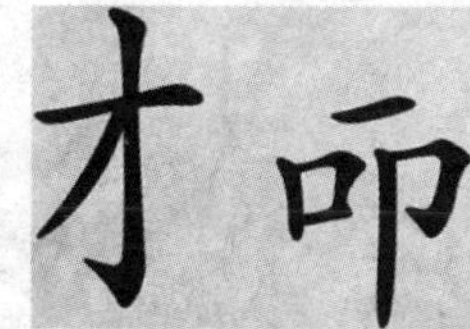

答案：谋财害命

游戏 128

答案：缺衣少食

游戏 129

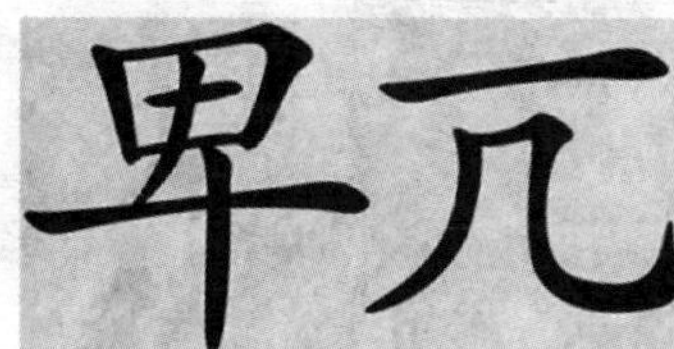

答案：不卑不亢

游戏 130

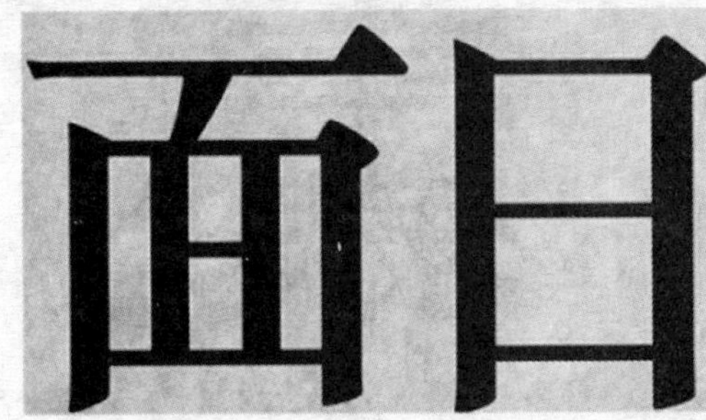

答案：面目全非

游戏 131

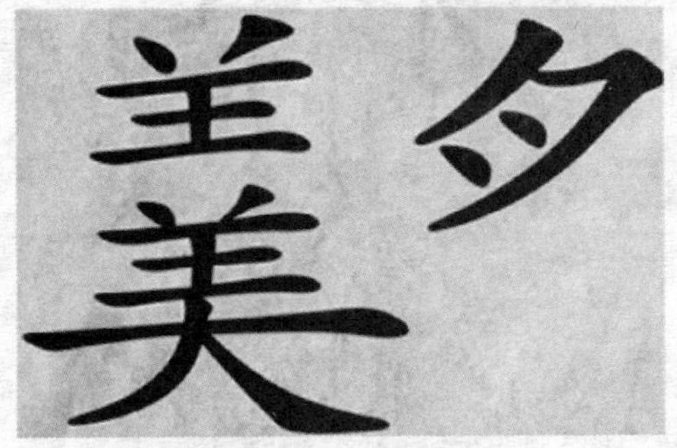

答案：残羹冷炙

游戏 132

答案：啼笑皆非

游戏 133

才人土
子土人

答案：才子佳人

游戏 134

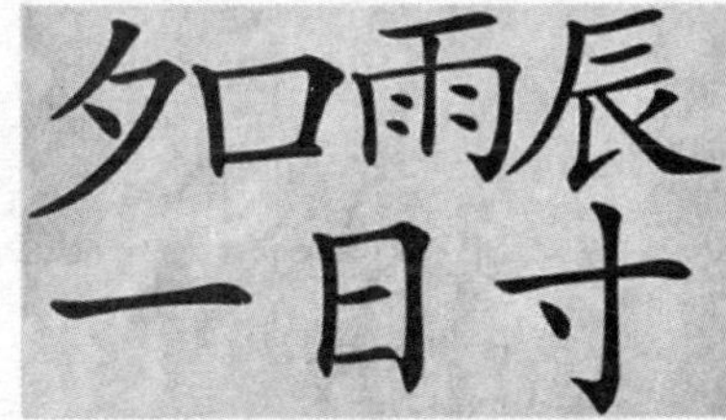

答案：名震一时

游戏 135

一羽月
土米水
日古余

答案：一塌糊涂

游戏 136

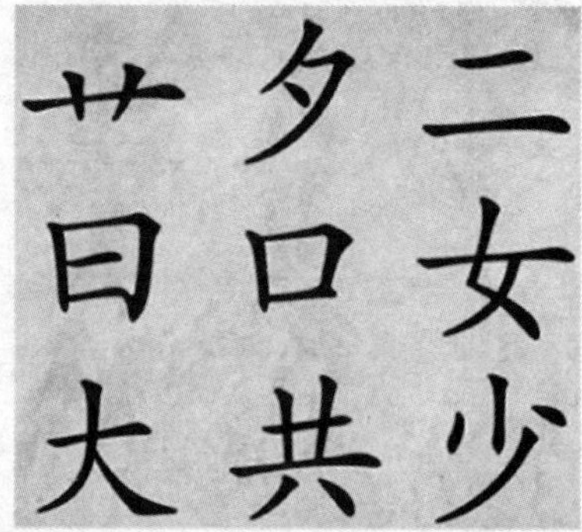

答案：莫名其妙

游戏 137

答案：势如破竹

游戏 138

答案：想入非非

游戏 139

答案：小鸟依人

游戏 140

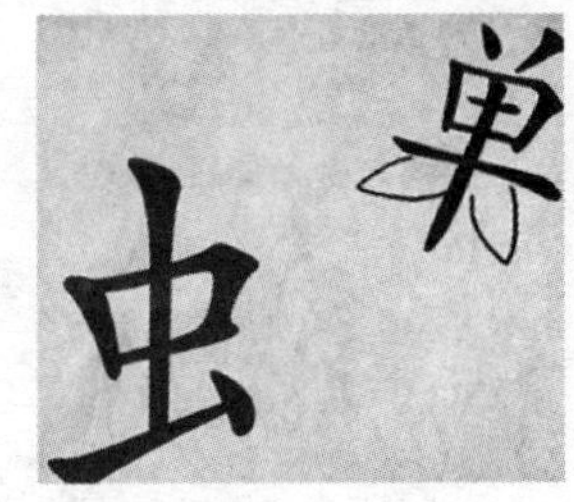

答案：金蝉脱壳

游戏 141

答案：断子绝孙

游戏 142

答案：开天辟地

游戏 143

答案：平分秋色

游戏 144

答案：半壁江山

游戏 145

答案：事半功倍

游戏 146

答案：百步穿杨

游戏 147

答案：四分五裂

游戏 148

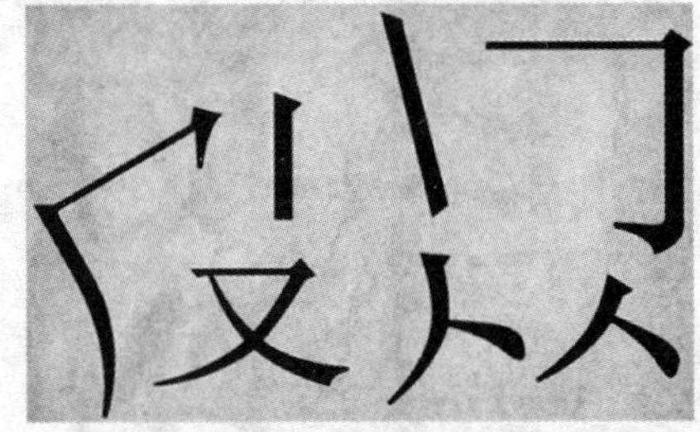

答案：皮开肉绽

游戏 149

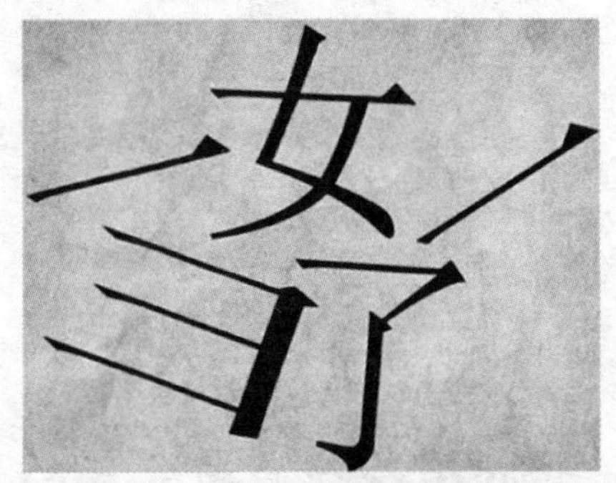

答案：妻离子散

游戏 150

答案：化整为零

游戏 151

答案：群龙无首

游戏 152

答案：前仆后继

游戏 153

答案：如坐针毡

游戏 154

答案：颠倒黑白

游戏 155

答案：人仰马翻

游戏 156

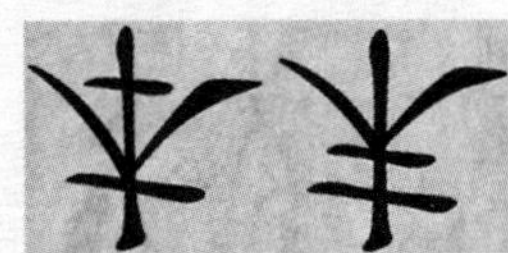

答案：本末倒置

游戏 157

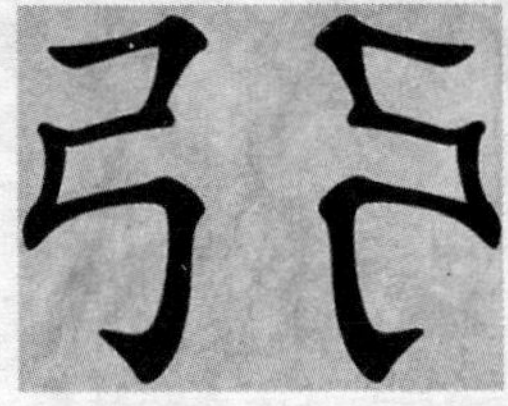

答案：左右开弓

游戏 158

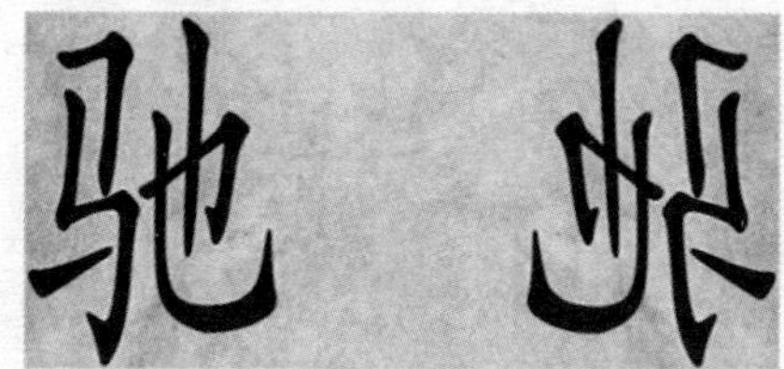

答案：背道而驰

游戏 159

答案：水天一色

游戏 160

答案：天旋地转

游戏 161

心意

答案：一心一意

游戏 162

思想

答案：左思右想

游戏 163

望 张

答案：东张西望

游戏 164

击 声

答案：声东击西

游戏 165

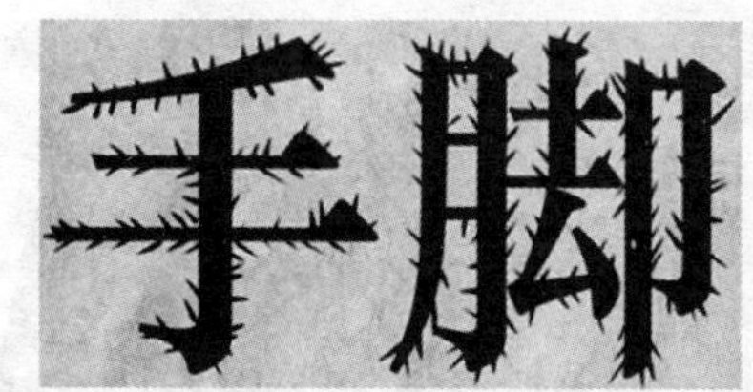

答案：毛手毛脚

游戏 166

答案：身首异处

游戏 167

答案：喜上眉梢

游戏 168

答案：眉目传情

游戏 169

答案：愁眉苦脸

游戏 170

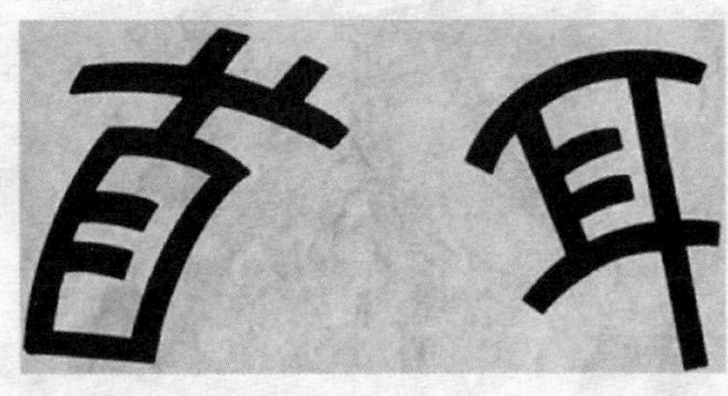

答案：俯首帖耳

游戏 171

答案：昂首挺胸

游戏 172

答案：能屈能伸

游戏 173

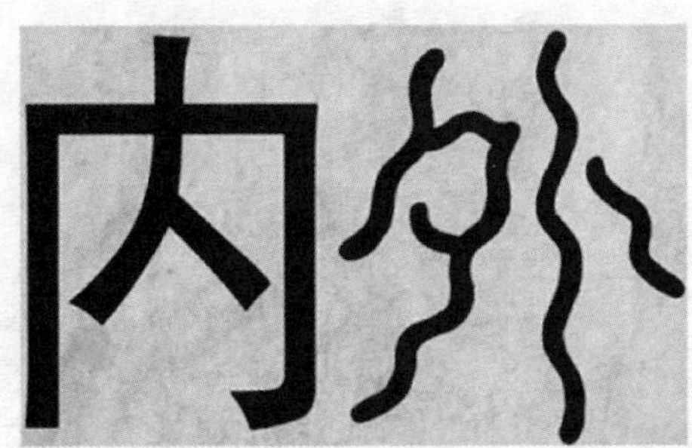

答案：外柔内刚

游戏174

答案：唇亡齿寒

游戏175

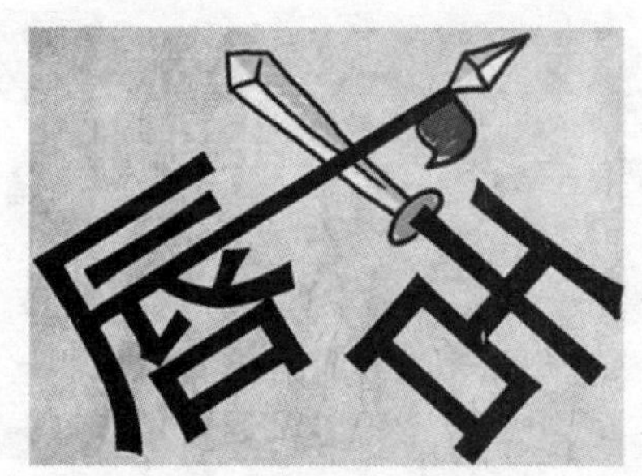

答案：唇枪舌剑

游戏176

答案：口是心非

游戏 177

答案：捉襟见肘

游戏 178

答案：风卷残云

游戏 179

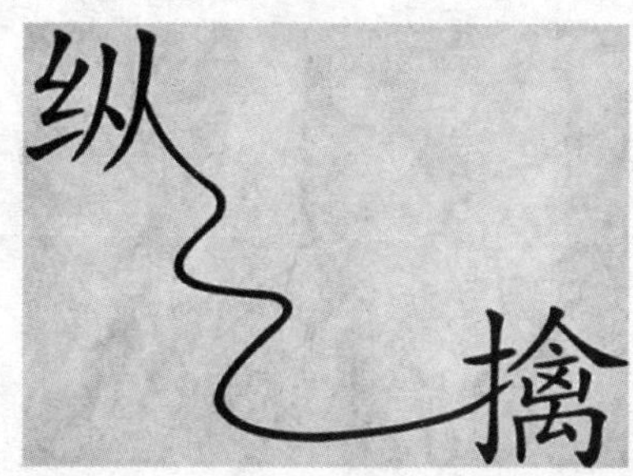

答案：欲擒故纵

游戏 180

答案：此起彼伏

游戏 181

答案：楚河汉界

游戏 182

答案：小心翼翼

游戏 183

答案：见缝插针

游戏 184

答案：重蹈覆辙

游戏 185

答案：虎头蛇尾

游戏 186

答案：牛鬼蛇神

游戏 187

答案：狗尾续貂

游戏 188

答案：飞黄腾达

游戏 189

答案：平铺直叙

游戏 190

答案：如影随形

游戏 191

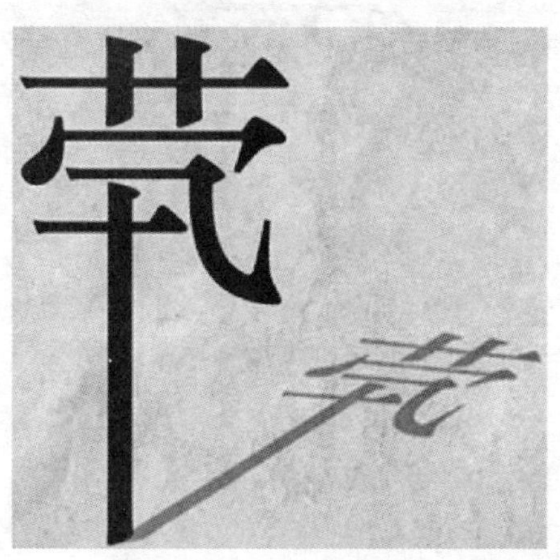

答案：茕茕孑立

游戏 192

答案：東之高阁

游戏 193

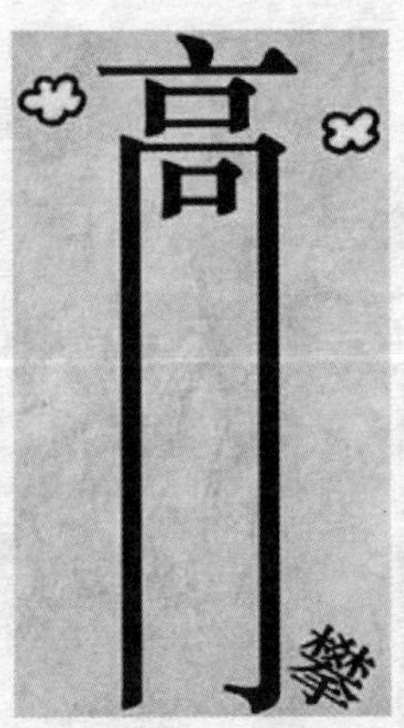

答案：高不可攀

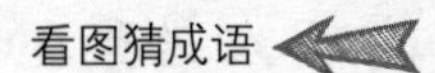

游戏 194

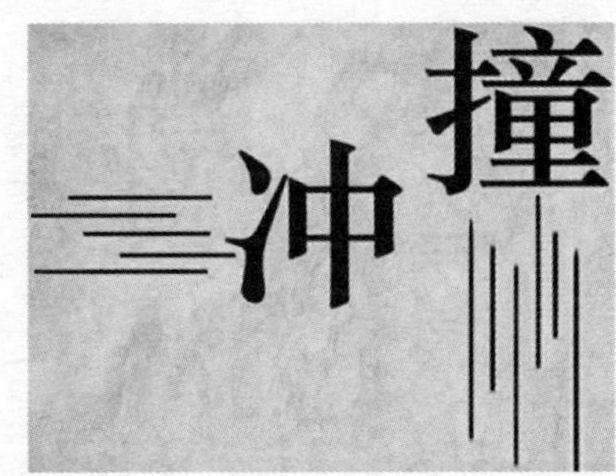

答案：横冲直撞

游戏 195

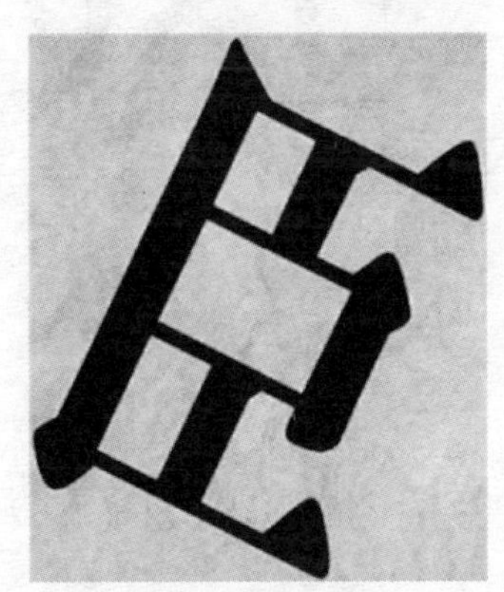

答案：俯首称臣

游戏 196

答案：倾国倾城

游戏 197

答案：门当户对

游戏 198

答案：仗势欺人

游戏 199

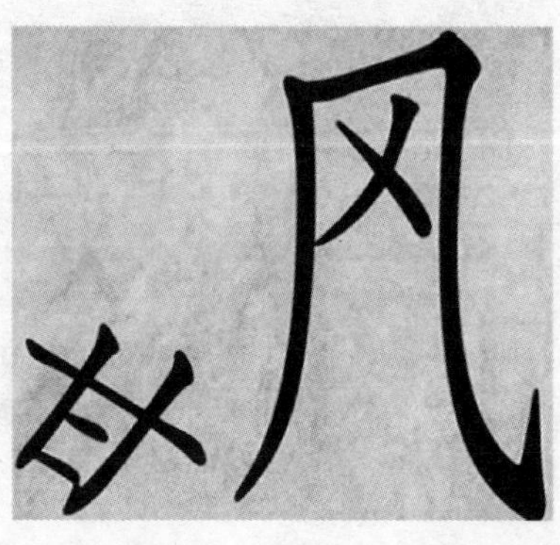

答案：甘拜下风

游戏 200

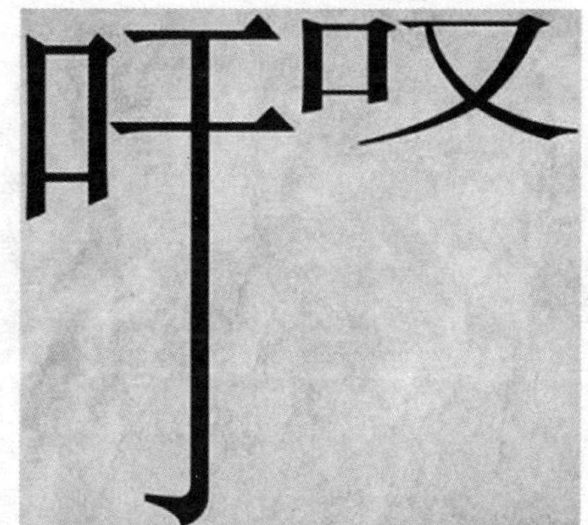

答案：长吁短叹

游戏 201

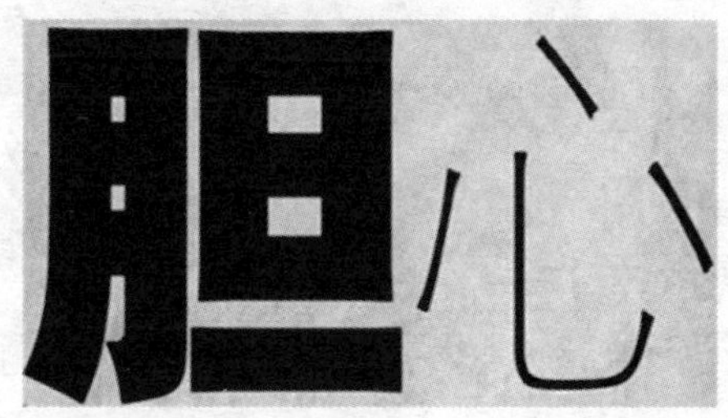

答案：胆大心细

游戏 202

答案：厚此薄彼

游戏203

答案：环肥燕瘦

游戏204

答案：深入浅出

游戏205

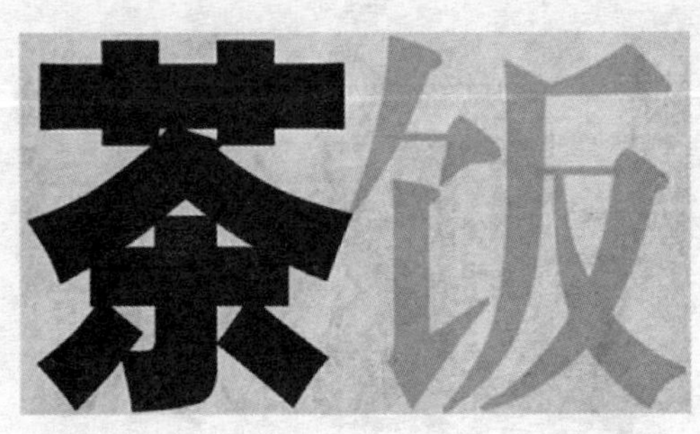

答案：粗茶淡饭

游戏 206

答案：遁入空门

游戏 207

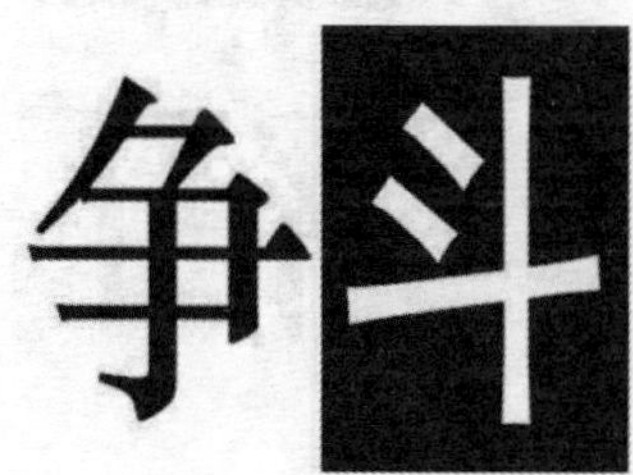

答案：明争暗斗

游戏 208

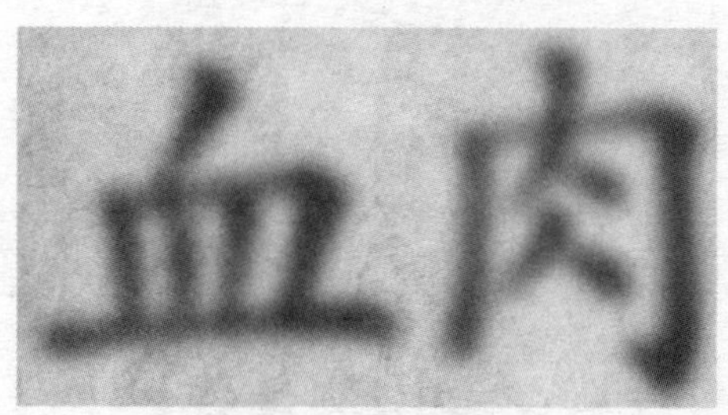

答案：血肉模糊

游戏 209

答案：来历不明

游戏 210

答案：若隐若现

游戏 211

答案：黯然失色

游戏 212

答案：柳暗花明

游戏 213

答案：明枪暗箭

游戏 214

答案：模棱两可

游戏 215

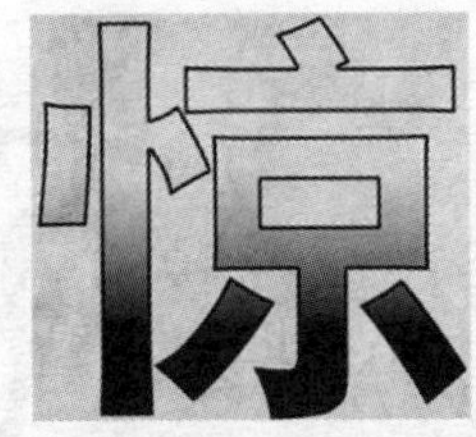

答案：大惊失色

游戏 216

答案：苦尽甘来

游戏 217

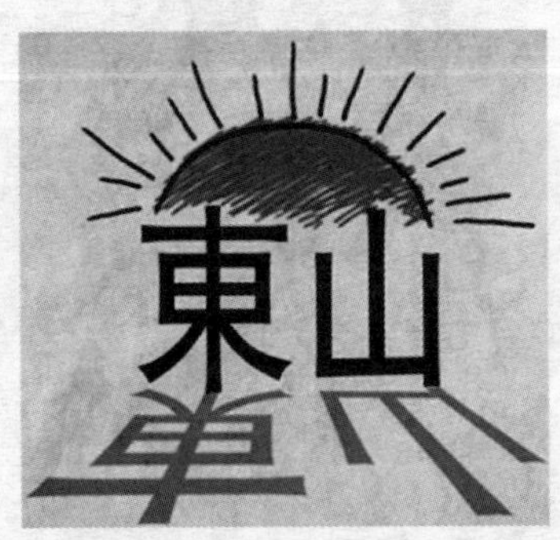

答案：东山再起

游戏 218

答案：远走高飞

游戏 219

答案：功德圆满

游戏 220

答案：破口大骂

游戏 221

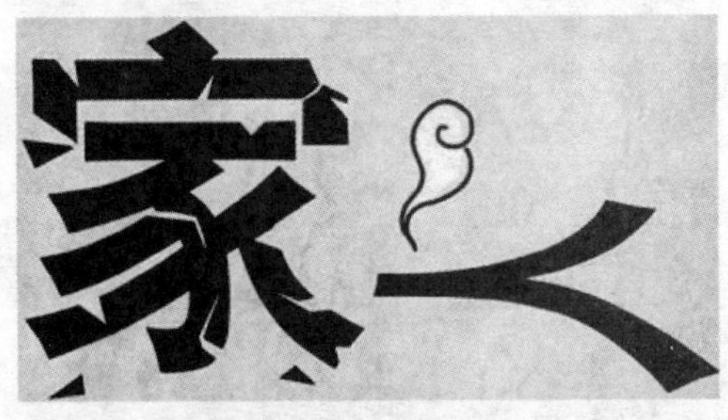

答案：家破人亡

游戏 222

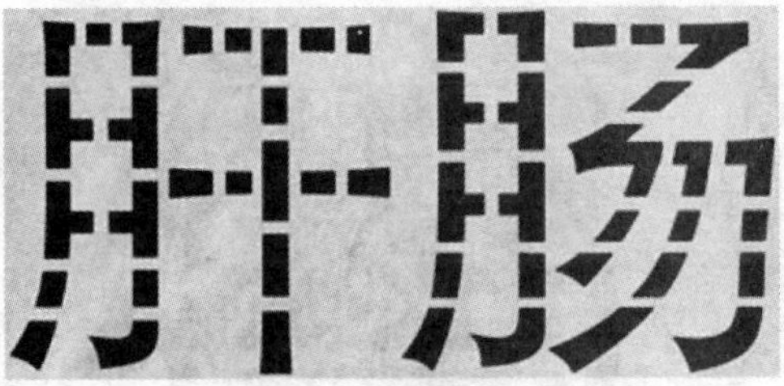

答案：肝肠寸断

游戏 223

答案：支离破碎

游戏 224

答案：石破天惊

游戏 225

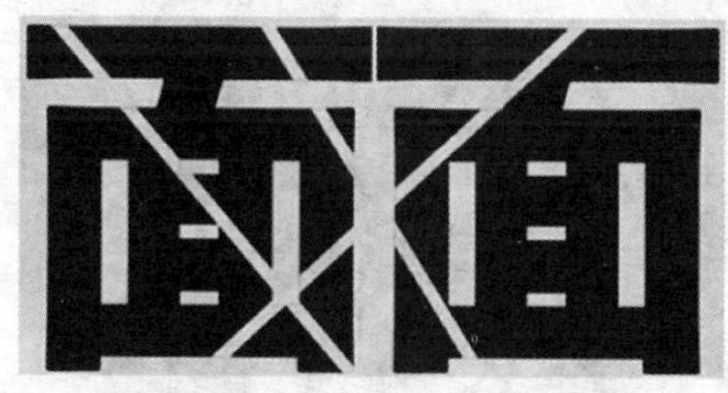

答案：两面三刀

游戏 226

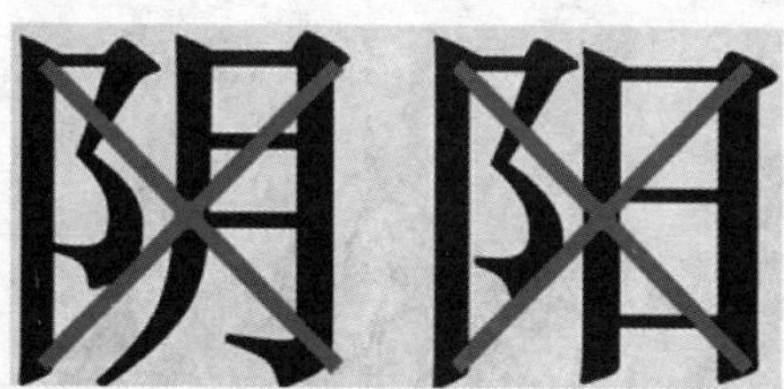

答案：阴差阳错

游戏 227

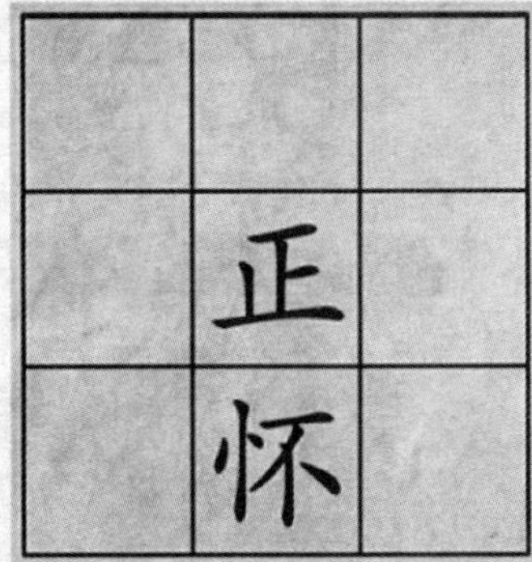

答案：正中下怀

游戏 228

？流无水
？心不专
？人惧日
？老牵线

答案：风花雪月

游戏 229

甬羊

答案：不痛不痒

游戏 230

善♂信♀

答案：善男信女

游戏 231

答案：异口同声

游戏 232

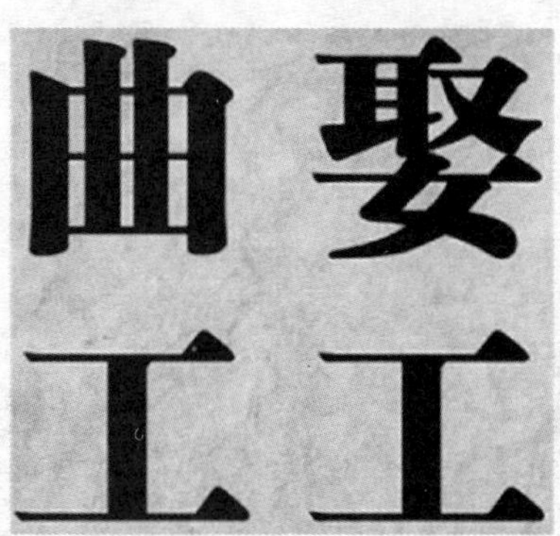

答案：异曲同工

游戏233

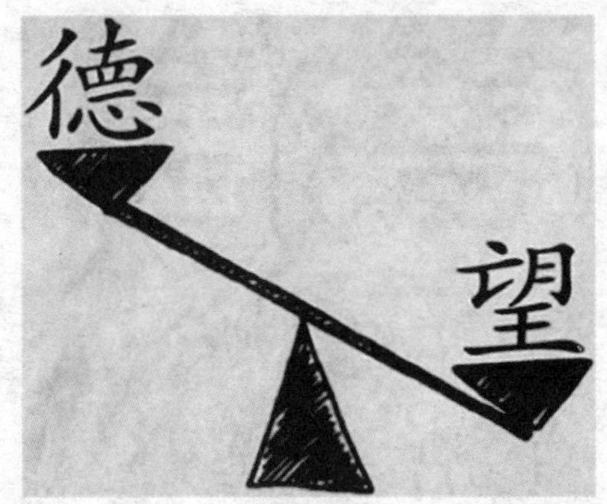

答案：德高望重

游戏234

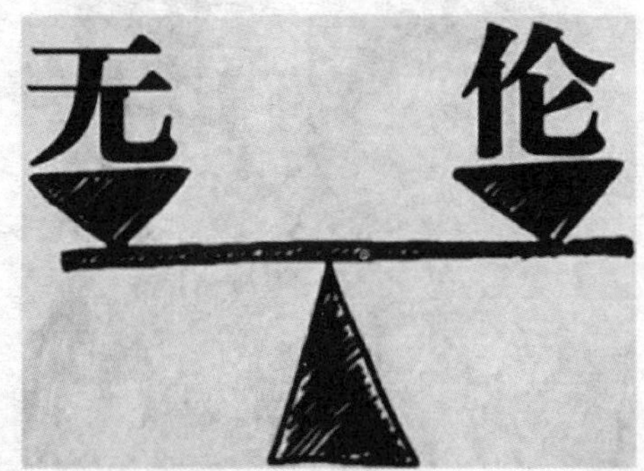

答案：无与伦比

游戏235

答案：退避三舍

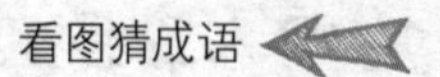

游戏 236

答案：秦晋之好

游戏 237

答案：连中三元

游戏 238

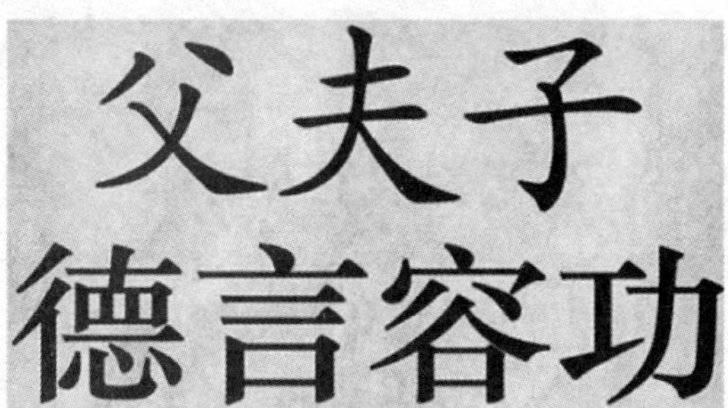

答案：三从四德

游戏239

宫商
角羽

答案：五音不全

游戏240

答案：鬼话连篇

游戏241

答案：百年树人

游戏 242

答案：藕断丝连

游戏 243

答案：病从口入

游戏 244

答案：破门而入

游戏245

答案：旁门左道

游戏246

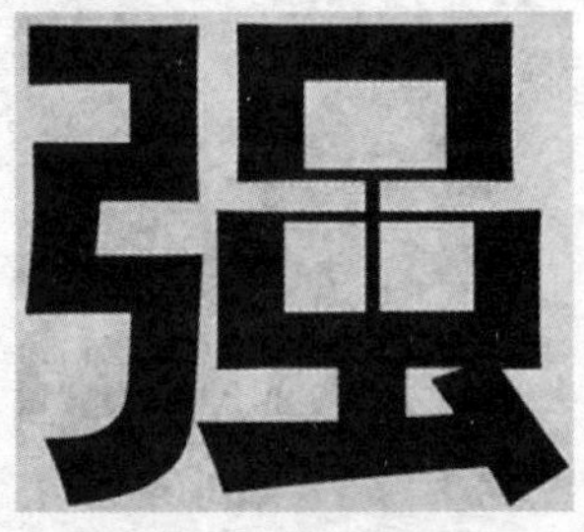

答案：外强中干

游戏247

答案：泰山压顶

游戏 248

答案：大材小用

游戏 249

答案：飞蛾扑火

游戏 250

答案：羊入虎口

游戏 251

答案：里应外合

游戏 252

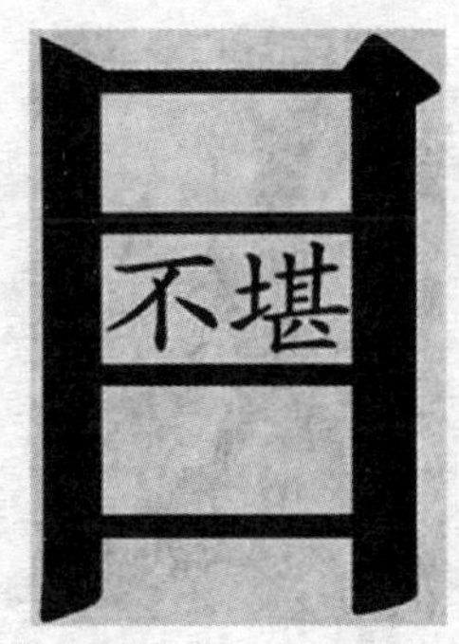

答案：不堪入目

游戏 253

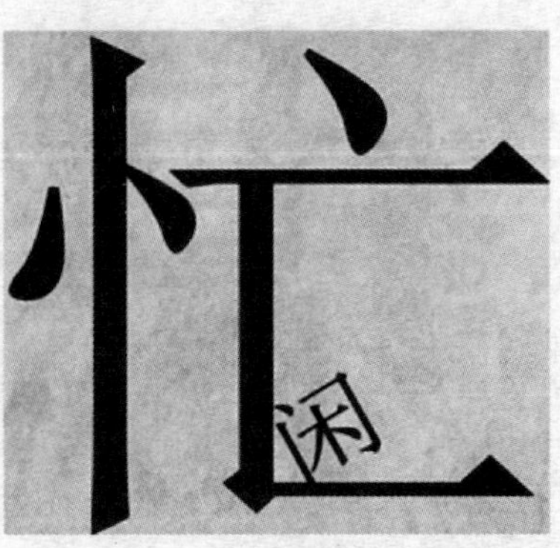

答案：忙里偷闲

游戏 254

答案：如雷贯耳

游戏 255

答案：胆大包天

游戏 256

答案：气吞山河

游戏257

答案：开诚布公

游戏258

答案：请君入瓮

游戏259

答案：隔靴搔痒

游戏 260

答案：一手遮天

游戏 261

答案：弥天大谎

游戏 262

答案：绝处逢生

游戏 263

答案：无中生有

游戏 264

答案：金屋藏娇

游戏 265

答案：吃里扒外

游戏 266

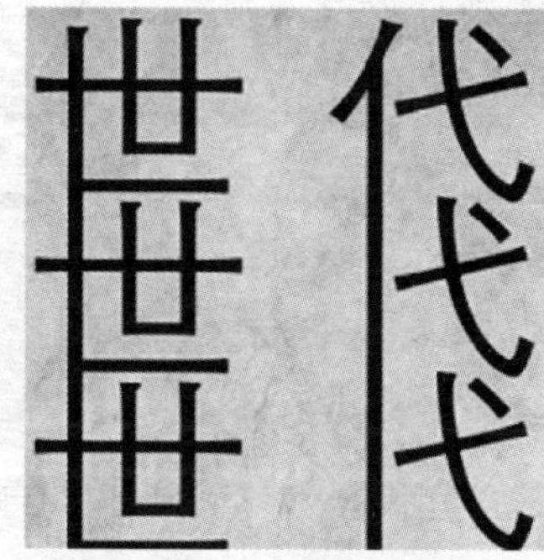

答案：世代相传

游戏 267

答案：茅塞顿开

游戏 268

答案：官官相护

游戏 269

答案：参差不齐

游戏 270

答案：话中有话

游戏 271

答案：爱憎分明

游戏 272

日黑白月

答案：黑白分明

游戏 273

答案：狭路相逢

游戏 274

答案：貌合神离

游戏 275

月人生

答案：引人入胜

游戏 276

答案：隔岸观火

游戏 277

答案：左右为难

游戏 278

答案：渐入佳境

游戏 279

答案：待字闺中

游戏 280

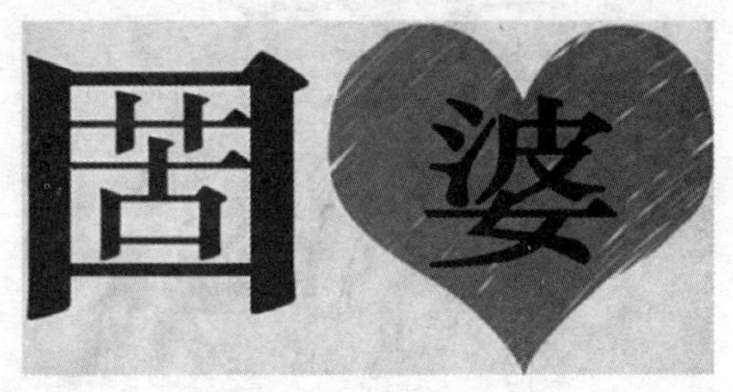

答案：苦口婆心

游戏281

答案：风雨交加

游戏282

答案：哭笑不得

游戏283

答案：是非不分

游戏 284

答案：雪上加霜

游戏 285

答案：雌雄难辨

游戏 286

答案：上下其手

游戏287

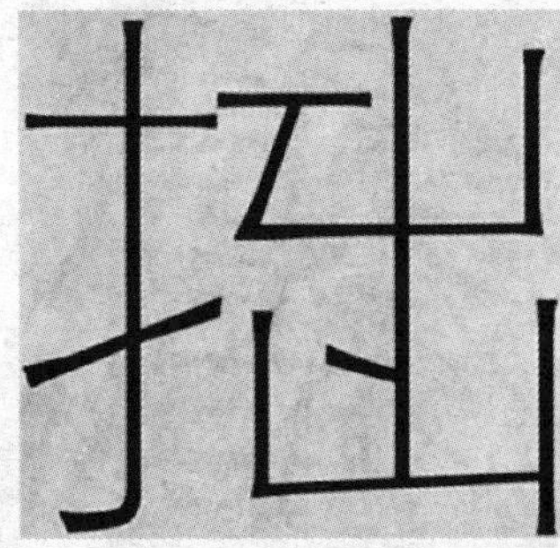

答案：弄巧成拙

游戏288

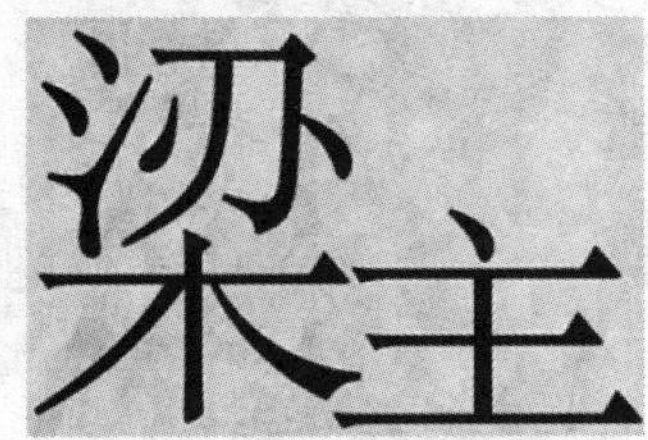

答案：偷梁换柱

游戏289

答案：天下为公

游戏 290

答案：天下太平

游戏 291

答案：天衣无缝

中 级

火柴图形

游戏 1

移动 2 根火柴，使这个图形变成餐叉的形状？

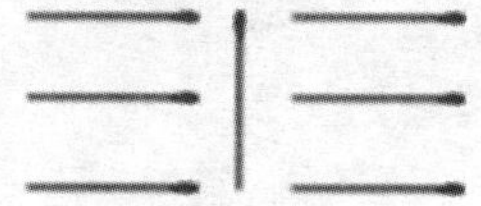

答案：

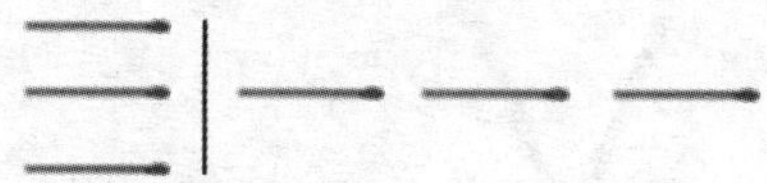

游戏 2

火柴拼成的簸箕里面已装有垃圾。如何只动其中 2 根火柴，将垃圾倒出去？

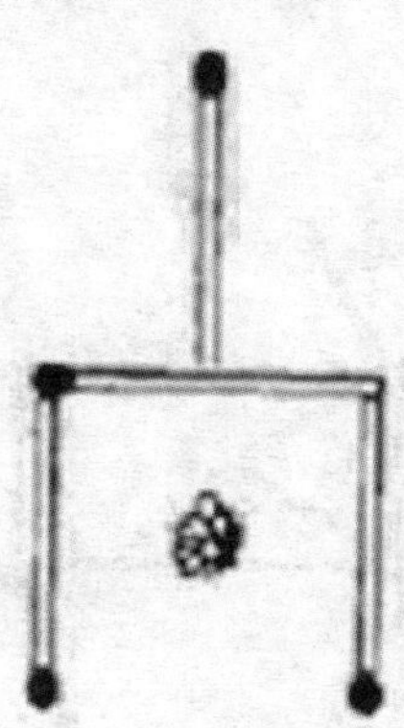

答案：

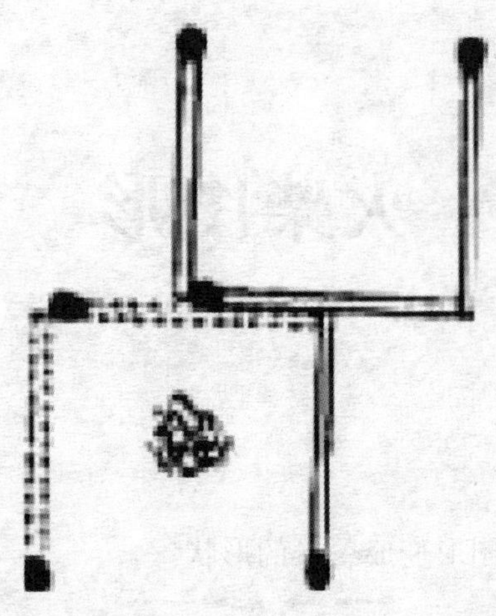

游戏3

下图是头朝前的牛。只许移动2根火柴棍，让它回头，你行吗?

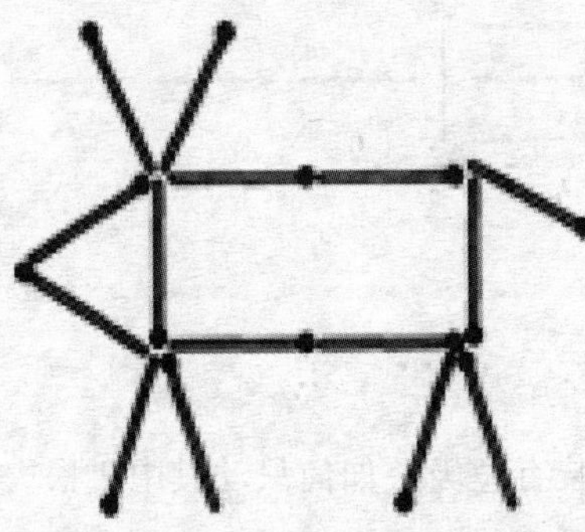

答案：

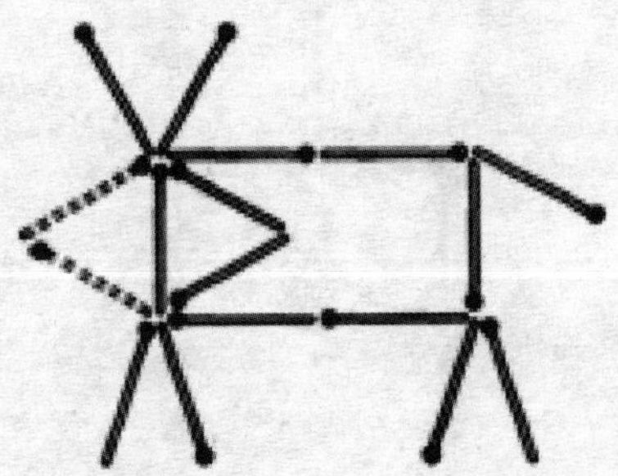

游戏4

这间房子由火柴摆成，前脸方向朝南，请你移动1根火柴，使房子的方向改变。

答案：

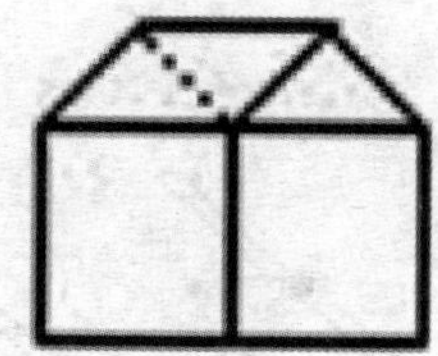

游戏 5

某人用 24 根火柴组成两个相同的图案，他发现，只要移动其中的 3 根火柴，他们就会变成两个汉字，这两个汉字连起来就是北美洲的一个国家名。你知道是哪个国家吗？

答案：

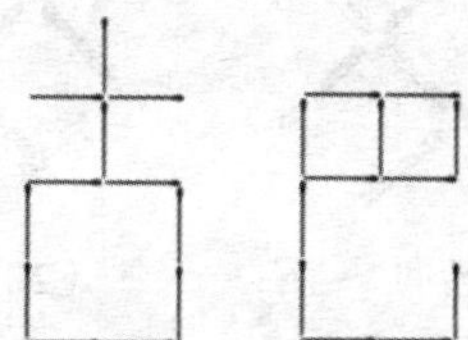

游戏 6

“Book”在英语中是“书”的意思。你知道拿掉哪 4 根火柴可以使它变成另外的英文单词吗？

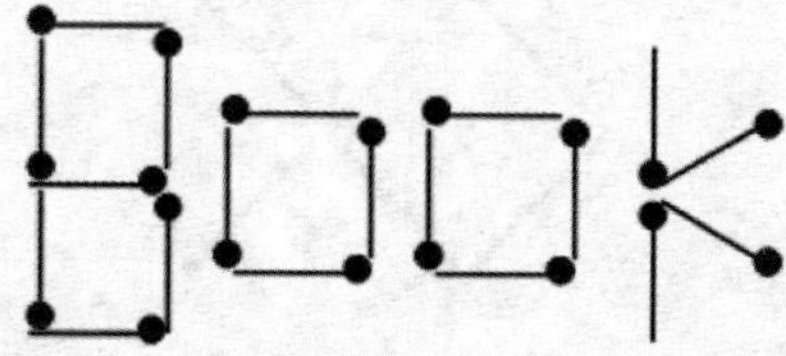

答案：变成“Look”或“Boo”。

游戏7

下图所示为一个“小鱼”形状，

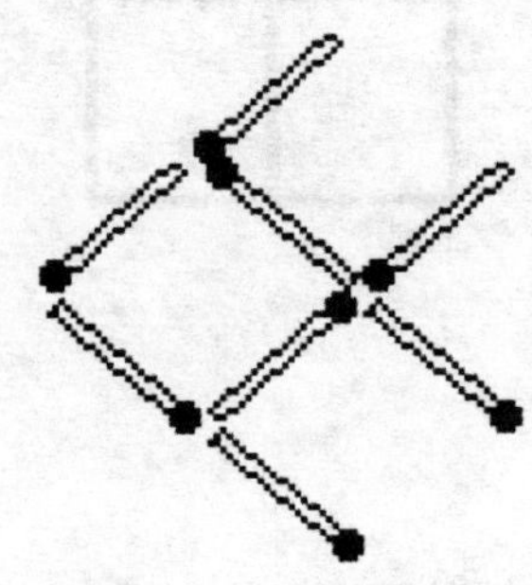

（1）请你移动2根火柴，使小鱼转向（变成头朝上或朝下）。

（2）请你移动3根火柴，使小鱼调头（变成头朝右）。

答案：要使小鱼转向或调头，就要尽量利用原来的火柴所组成的形状，以便减少火柴的移动。

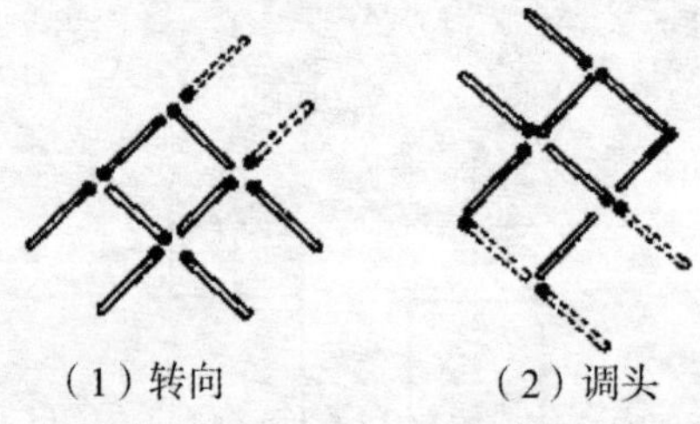

（1）转向　　（2）调头

游戏8

某人从市场买来一条鱼，但他忘了把鱼放进冰箱，等到发现的时候鱼已经被家里的小猫偷吃了。你能移动图中的2根火柴，把它变成一副小猫吃剩的鱼骨架吗？

答案：

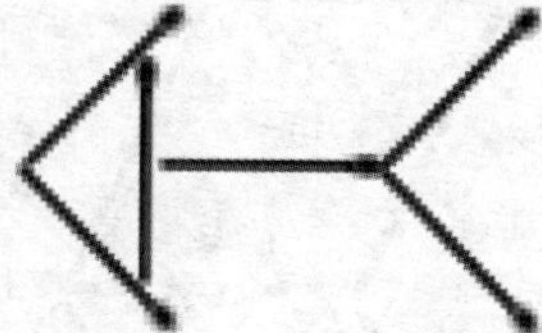

游戏 9

你能从下图中拿走 2 根火柴，剩下两个等边三角形吗？

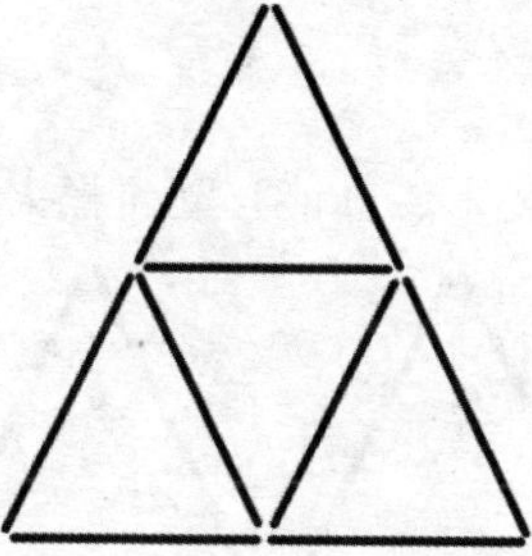

答案：

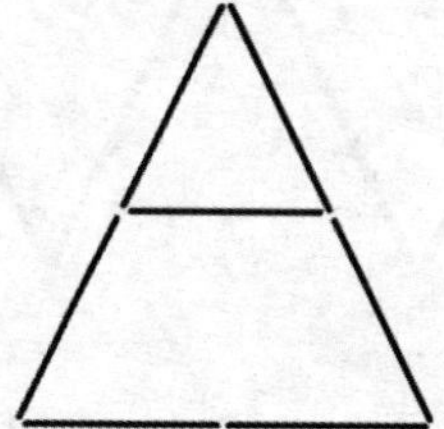

游戏 10

你能移动 2 根火柴并且增加 1 根，使这个图形变成两个平行四边形吗？

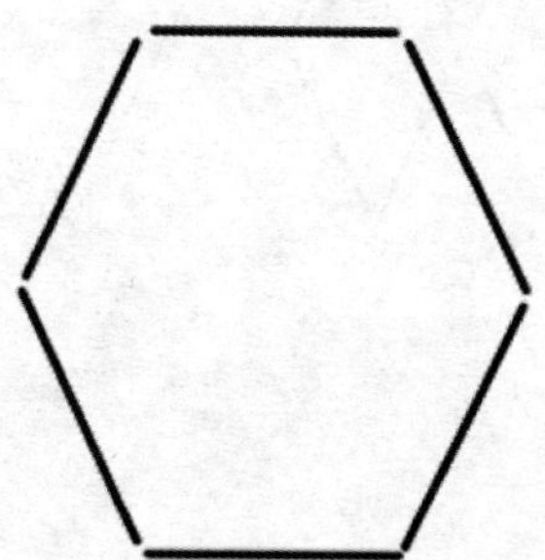

答案：

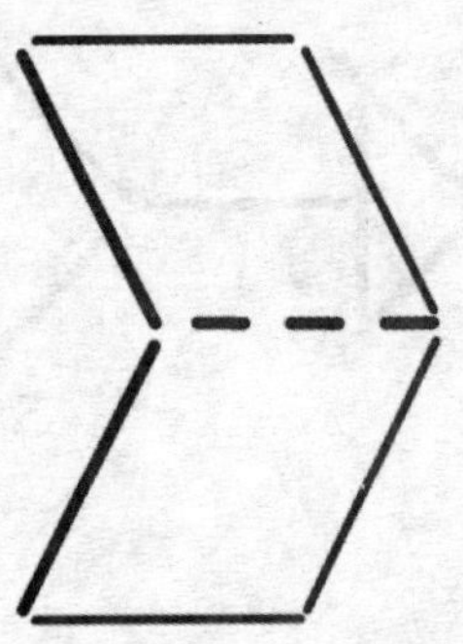

游戏 11

这是用 8 根火柴围成的两个菱形，你能移动 4 根火柴，使其变成一个大菱形吗？

答案：

游戏 12

移动 3 根火柴，变成四个三角形。

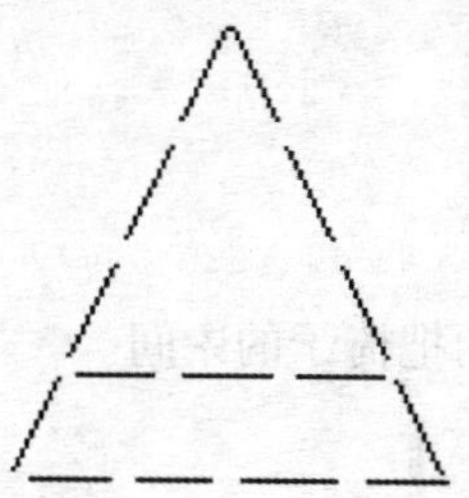

答案：

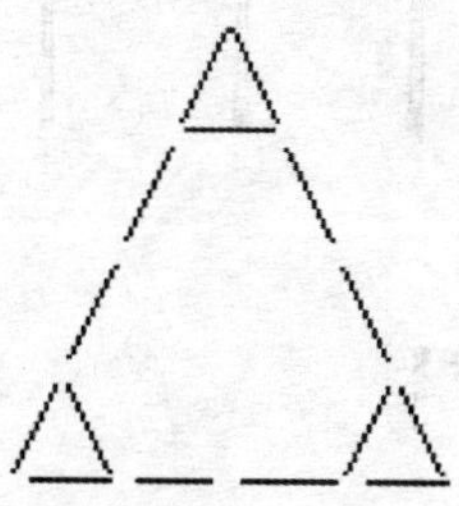

游戏 13

在图中方格内，加上 1 根火柴，重新排列，使每边火柴总和仍然是 6，怎么排列？

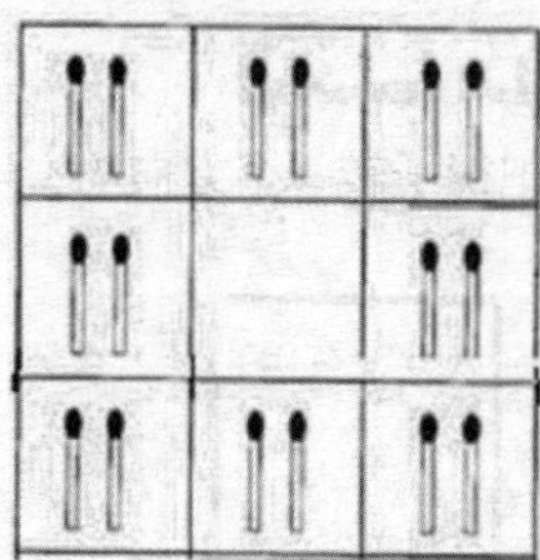

答案：

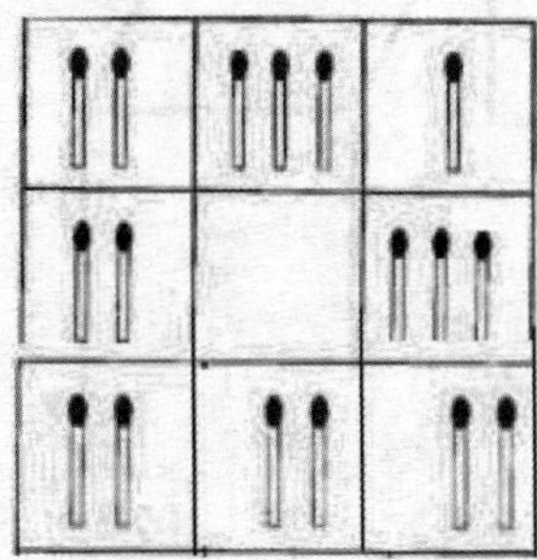

游戏 14

移动 3 根火柴，使桌子变到两把椅子的中间。

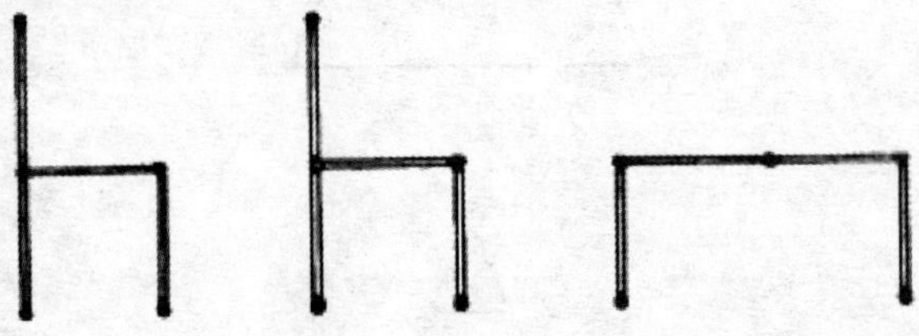

答案：

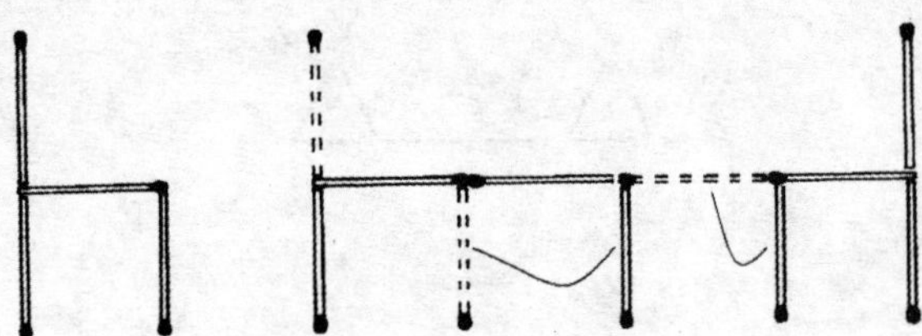

游戏 15

你能只移动 2 根火柴，使这把椅子转一个方向吗？

答案：

游戏 16

用火柴搭成小猪图，你能移动火柴使猪头、猪尾正好换一个方向吗？你移动了几根火柴？

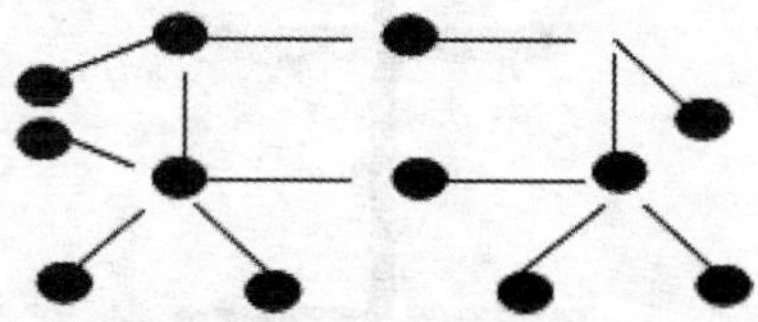

答案：要把猪头朝右，需要把左边的“猪头”拆掉，变成“猪尾”。为了使火柴的根数最少，可移动猪头下面的 1 根，变成猪尾。

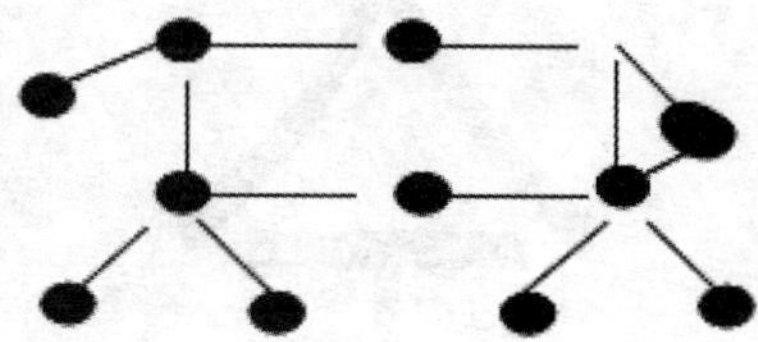

游戏 17

左边是用 6 根火柴排成的金字塔，右边是用 6 根火柴排成的倒立的金字塔，能不能只移动 2 根火柴，就把左边的金字塔变成右边的倒立的金字塔？

答案：我们发现第二排是一样的，不同的是第一排和第三排，要想只移动2根，我们就把第一排两边的两根移到第三排去，如图：

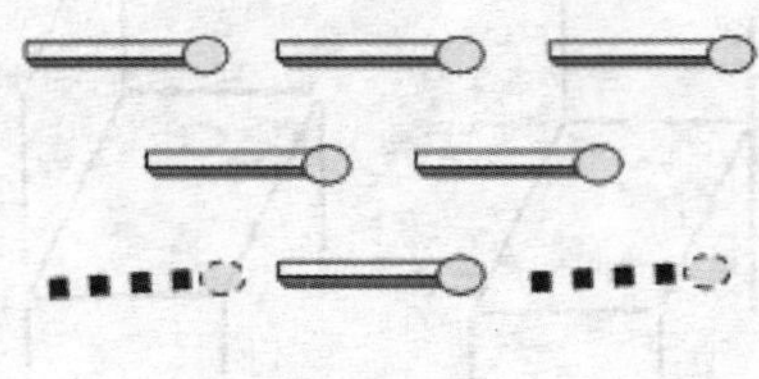

游戏18

请你在“王”字形中添加2根火柴，使其变成另一个字。

答案：

游戏19

图为一个“中”字，请你移动一根火柴，使其变成另一个字。

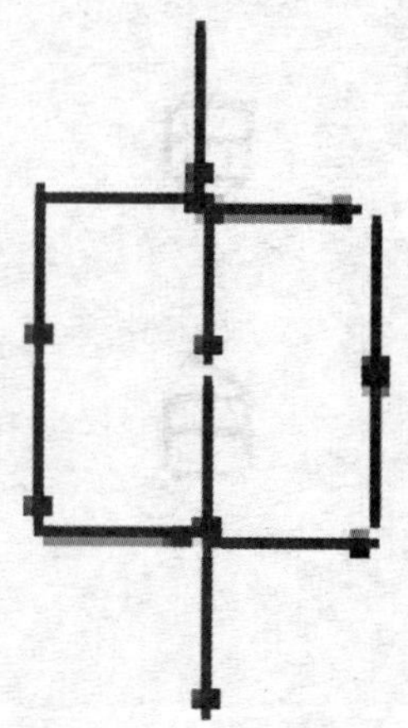

答案：做这个题的时候，我们首先要考虑与“中”字相近的文字有哪些？如甲、由、日、申、目……一般肯定是从这些相近的文字当中去寻找答案。

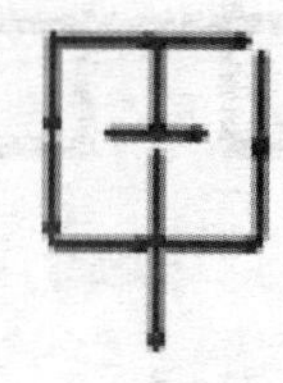

游戏 20

请你在“田”字上加上一根火柴，使其变成另一个字。如果是去掉一根火柴呢？或是移动一根火柴呢？

答案：

（1）加上一根：

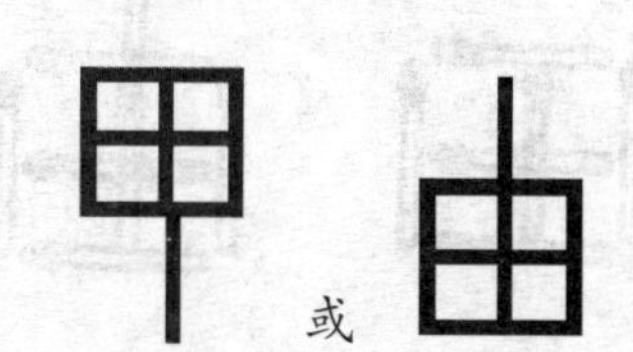

（2）去掉一根：

（3）移动一根：

游戏21

移动图中的3根火柴，使图形从一个“品”字变成一个“井”字。

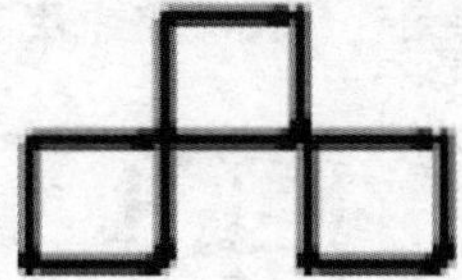

答案：

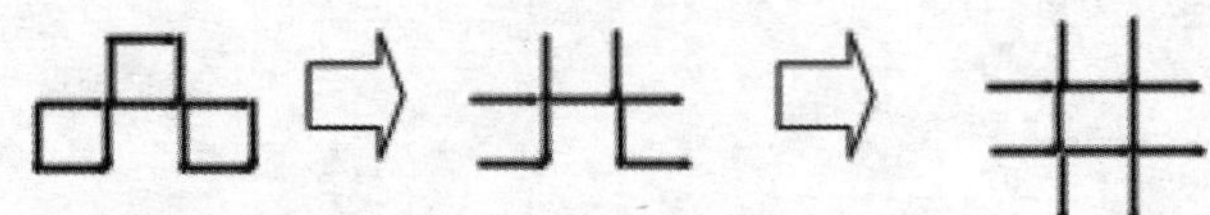

游戏22

在每个字上移动一根，把它变成另一个汉字。

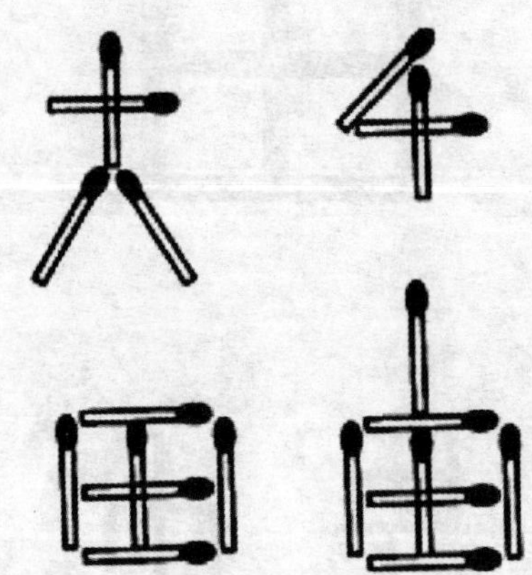

答案：

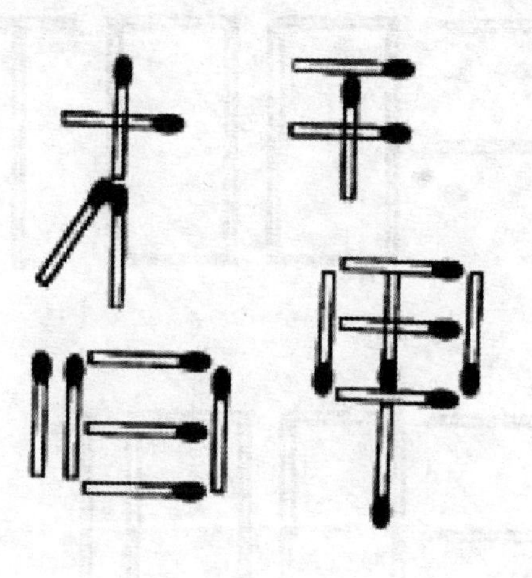

游戏 23

将两根火柴加在“口”字上，就会变成一个汉字，你共能组成多少个汉字？要仔细哦，可以组好多个呢。

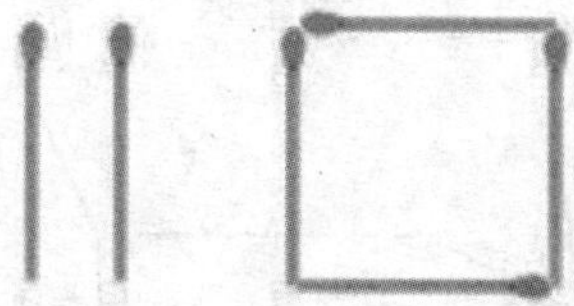

答案：

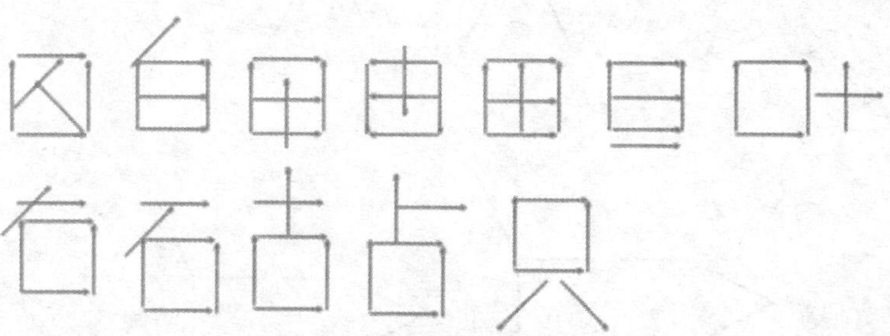

游戏 24

下图是用火柴拼成的英文单词“FOOT”。只移动一根火柴，使它变成另外一个英文单词。

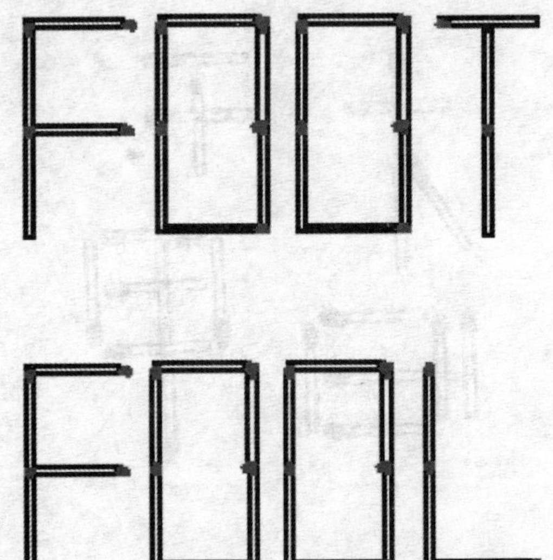

答案：

游戏 25

这只狗被一辆卡车辗过。你能只移动 2 根火柴，来说明这件不幸的事情吗？

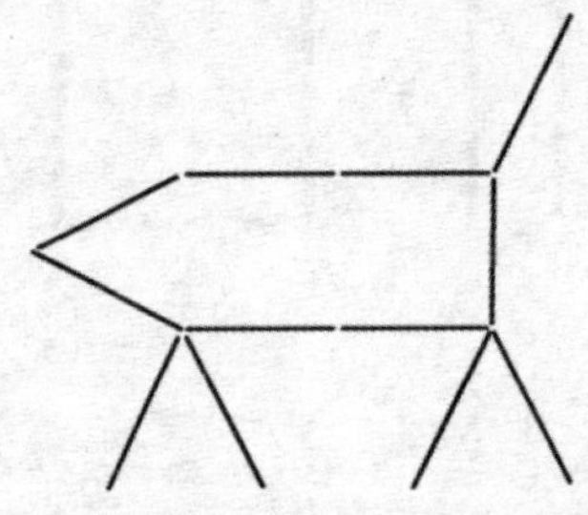

答案：

游戏 26

16 个方格内各放一根火柴，现在要从中拿去 6 根，还要使每行每列的火柴数仍然是偶数，能做到吗？

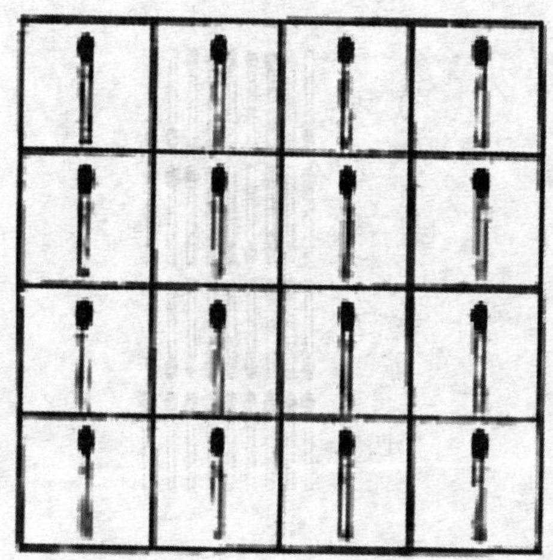

答案：

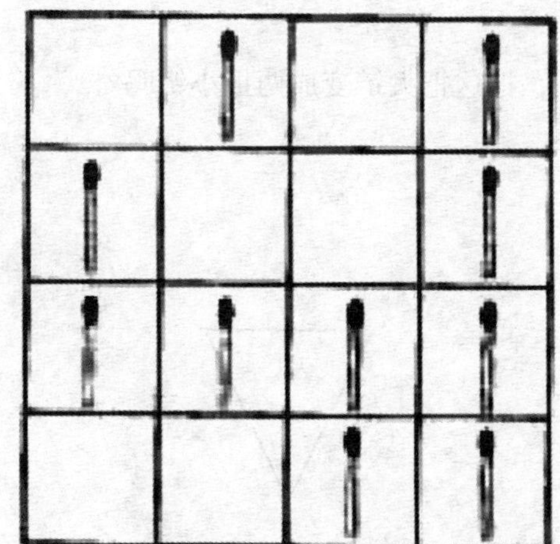

游戏 27

取九根火柴，排成一行，其中只有一根头朝上，其余八根头朝下，要求每次任意调动七根，到第四次时将所有头向下的火柴全都调成头朝上。

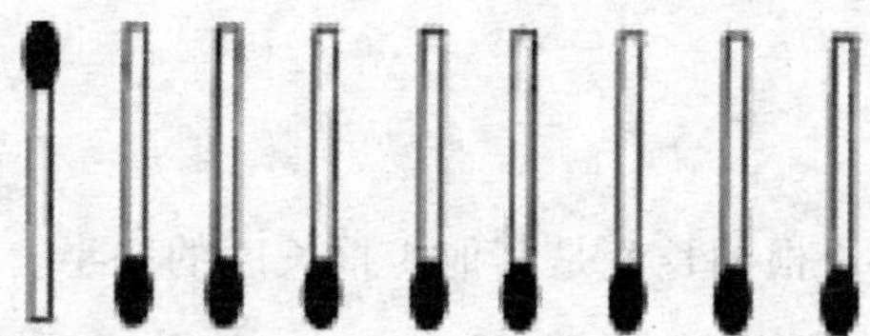

答案：

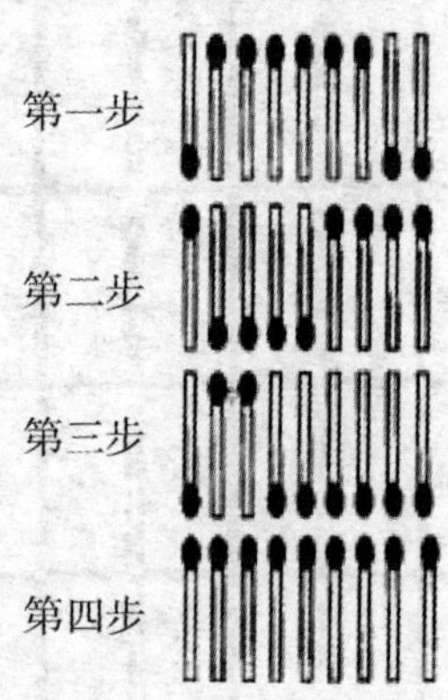

游戏 28

你能只移动 4 根火柴，把这把大铲变成两把小铲吗？

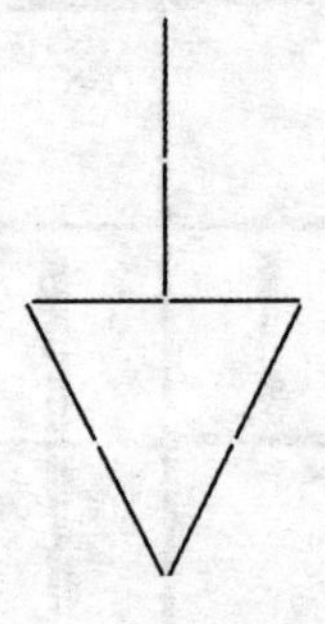

答案：

游戏 29

如图，有 8 根火柴，4 根的长度是其他 4 根长度的一半。在不能折断火柴的情况下，怎样利用这 8 根火柴摆出 3 个正方形？

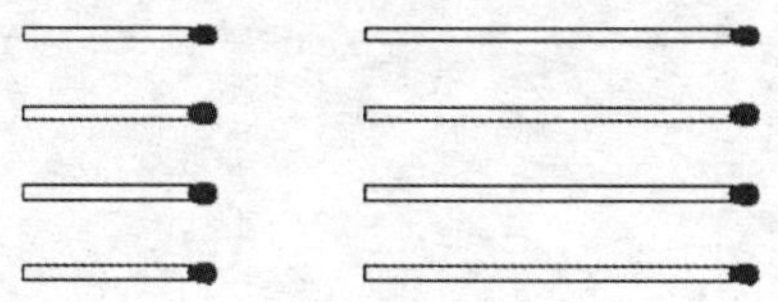

答案：

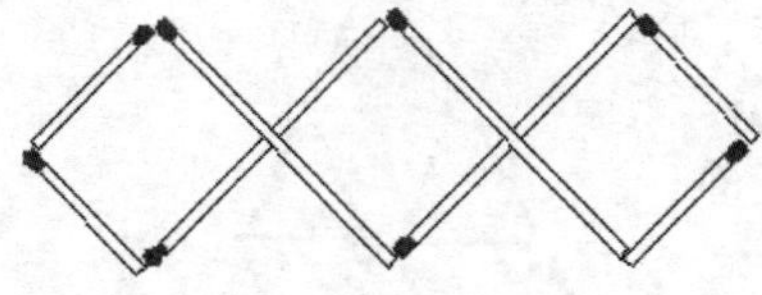

游戏 30

这里有 12 根长度相同的火柴。不准折断，最多可以组成几个正方形？

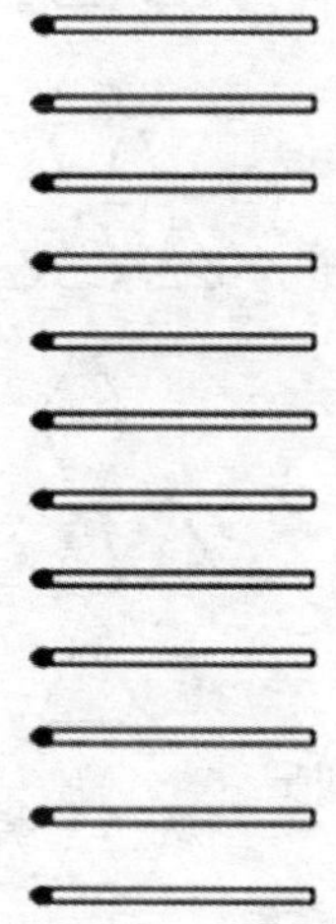

答案：如下图排列，可以组成 38 个正方形。

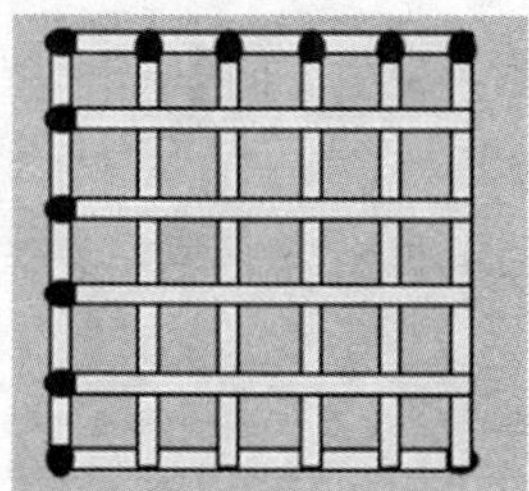

游戏 31

用 18 根火柴摆成 9 个大小相同的三角形，从上图中每次拿走 1 根火柴，使它减少 1 个三角形，最后使它留下大小相同的 5 个三角形，该怎样拿法？

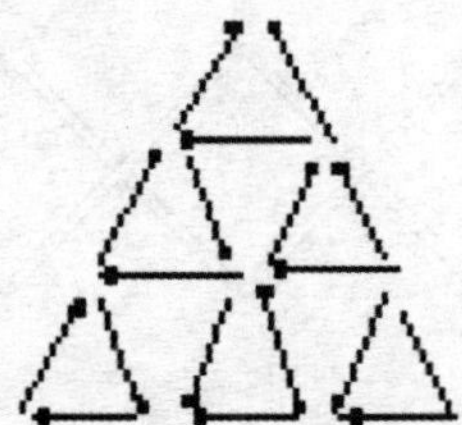

答案：按步骤每次拿掉一根火柴即可。

第一步

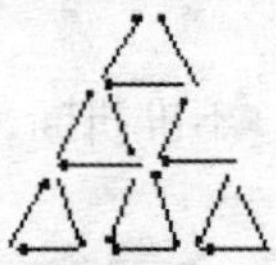

第二步

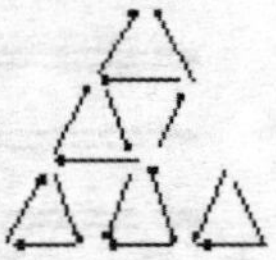

第三步

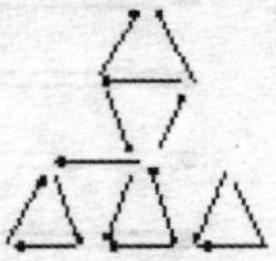

第四步

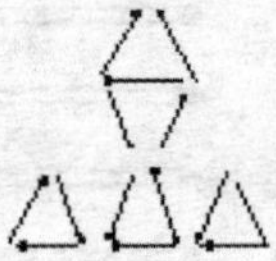

游戏 32

如何用三根火柴摆出一个大于 3 小于 4 的数字？

答案：用三根火柴摆出一个大于三小于四的数字，是“π”，因为 π = 3.1415926……

游戏 33

请移动下图中的 3 根火柴，拼出 3 个三角形。

答案：解答这个题目时我们还要了解有关三角形的知识，图中一共7根火柴，要拼出三个三角形，一共有9条边，那就必须是有两条边要重叠。

游戏34

下图是由15根火柴相连而成的两个“日”字。请你移动2根火柴，使它变成五个同样大小的正方形。

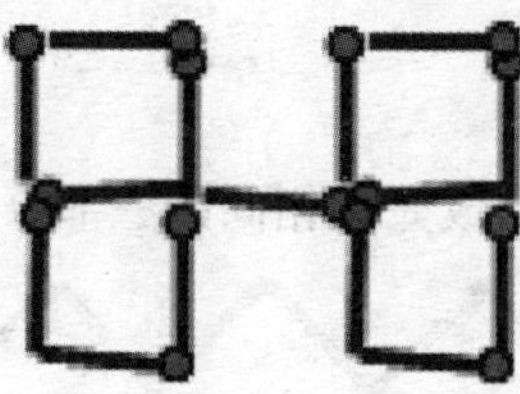

答案：

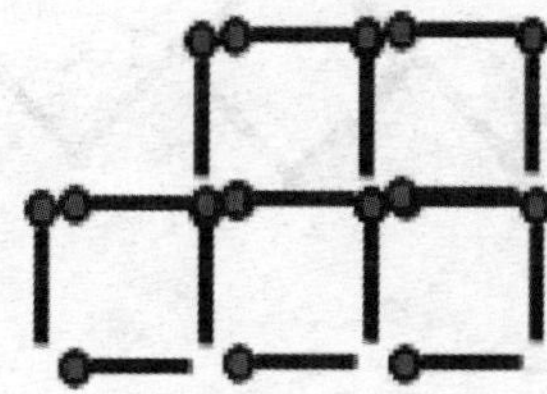

游戏35

请你移动3根火柴，使图形变成三个正方形。

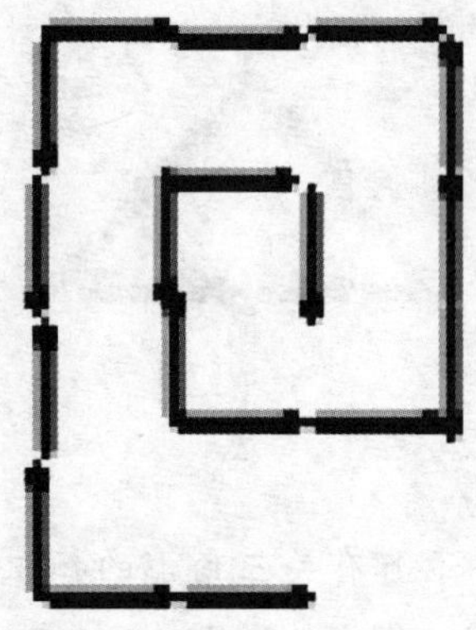

答案：

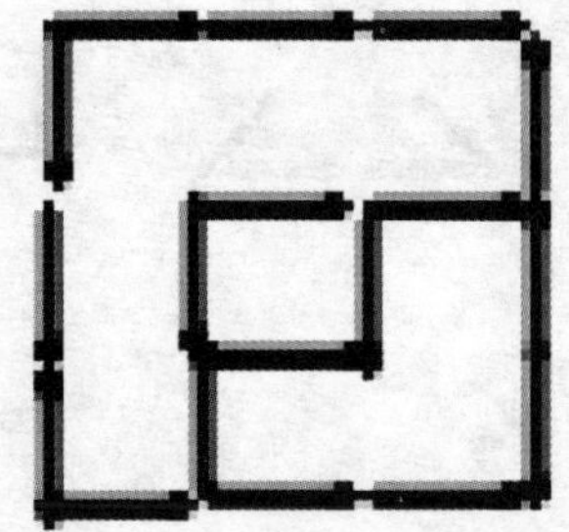

游戏 36

请你移动 4 根火柴，使图形变成完全相同的三部分。

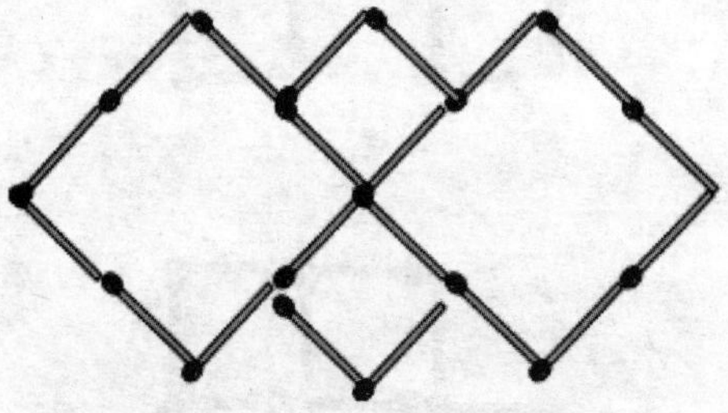

答案：

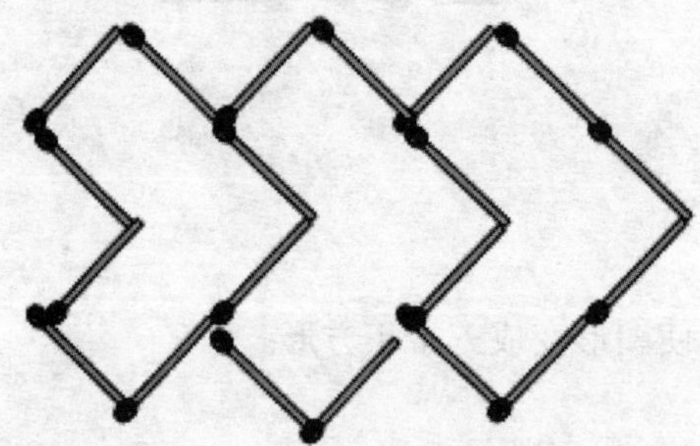

游戏 37

下图中有 6 个菱形，如何从中拿走 6 根火柴，且移动 6 根火柴，使图中仍有六个菱形？

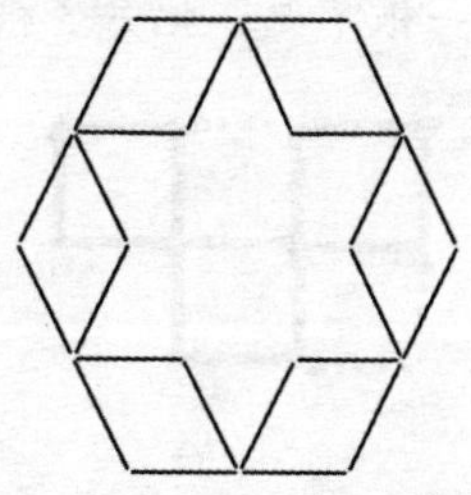

答案：

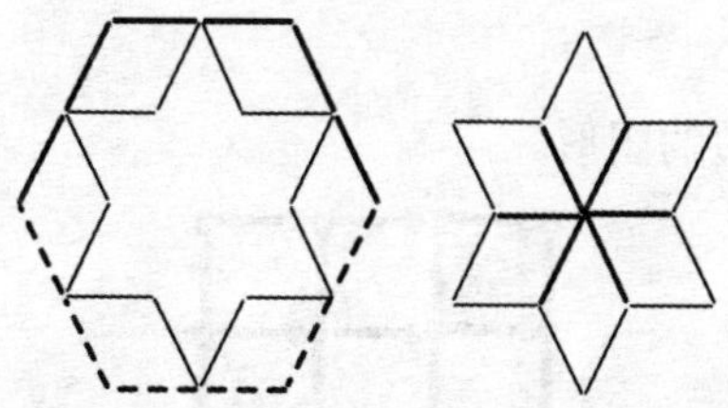

游戏 38

用 12 根火柴摆成一个田字形：

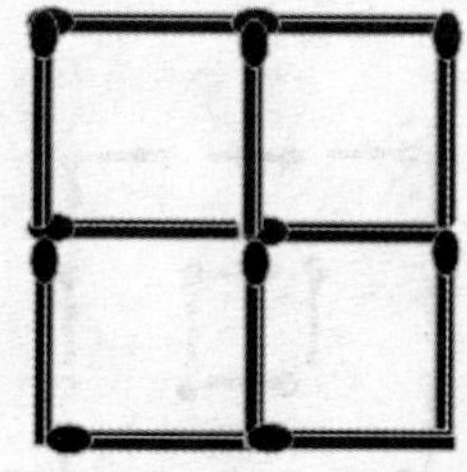

（1）如何拿去 2 根火柴，使图形变成两个正方形？

（2）如何移动 3 根火柴，使图形变成三个正方形？

答案：

（1）原来 12 根火柴，拿走 2 根后剩 10 根火柴，不可能拼成大小相同的两个正方形，只能是一大一小。只要保留外边的大正方形，拿去里面 2 根，使里面四个正方形变成 1 个就可以了。如图：

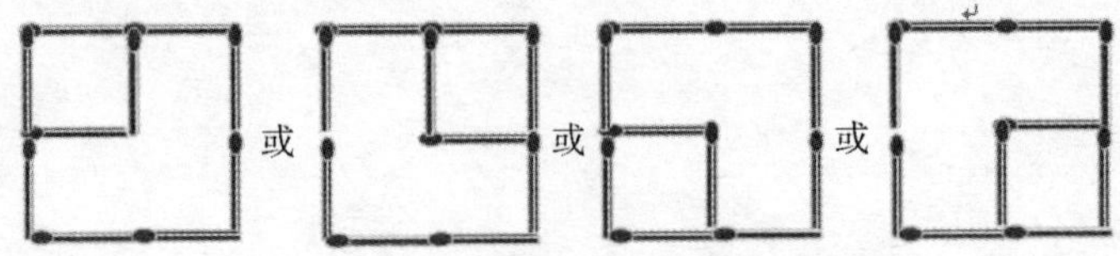

（2）移动 3 根火柴，那么总根数仍然是 12 根，12 根组成三个正方形，每个正方形 4 根火柴，只移动 3 根，原来就有一根不变，把另 3 根和它组成正方形即可。如图：

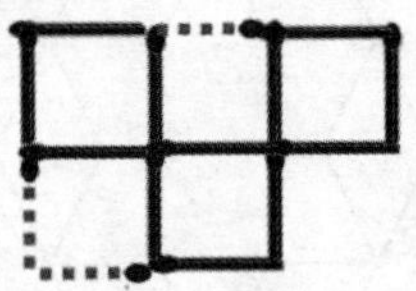

游戏 39

用 24 根火柴能组成下边的图形。

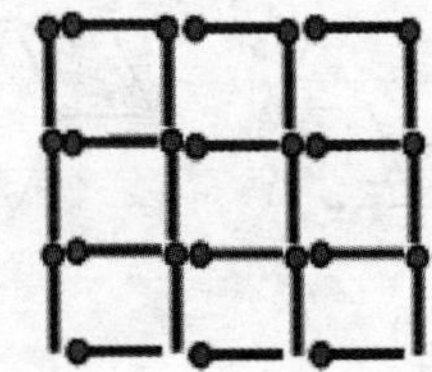

（1）如何拿掉 8 根火柴，使它只留下两个正方形？

（2）如何拿掉 6 根火柴，使它只留下三个正方形？

答案：

（1）

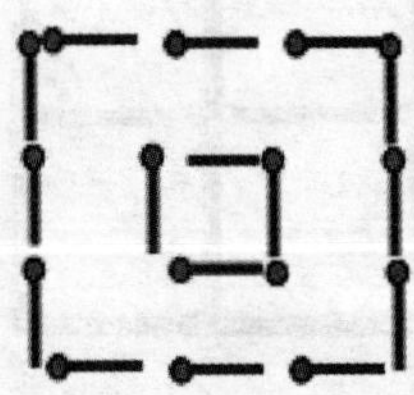

（2）

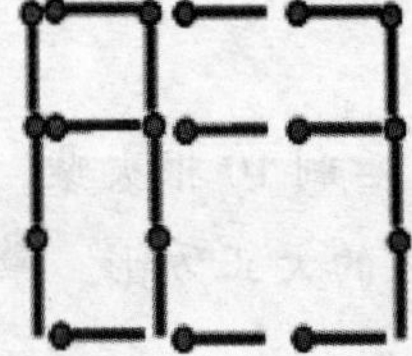

游戏 40

下图是用 24 根火柴摆成的“回”字形图形，如果只允许移动图中的 4 根火柴，使原图形组成三个正方形（大小可以不一样），你能办得到吗？

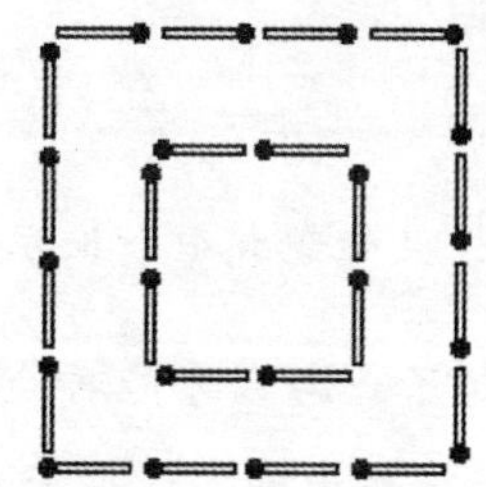

答案：

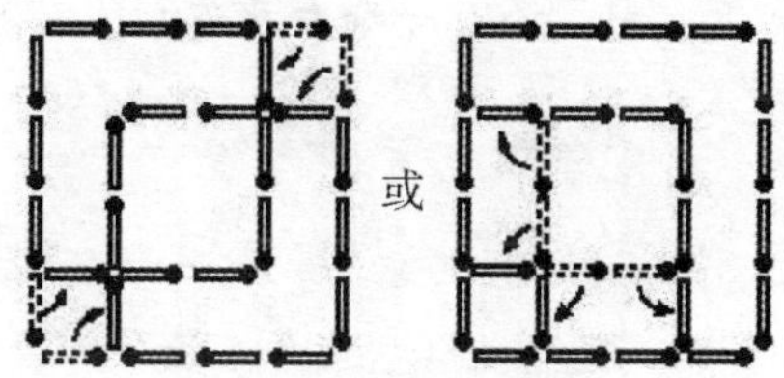

游戏 41

霍钗拿 16 根火柴摆成了 4 个正方形，如下图所示。他发现，如果去掉一根火柴，只留下 15 根，重新拼一下仍然可以保持 4 个正方形；再去掉一根变成 14 根，拼一下也还是 4 个正方形；依次类推，13 根和 12 根也能组成 4 个正方形。最后霍钗干脆把 12 根火柴拿掉一半，留下 6 根居然拼成了 5 个正方形，他是怎么做到的呢？

答案：如果想要去掉一根还保持正方形，那就要让原来的正方形有一条边是重复的才行。重复一条边，就可以少用一根火柴，这样我们可以依次画出下面三个图，分别用 15、14、13 根火柴组成了 4 个正方形。

15 根火柴组成 4 个正方形

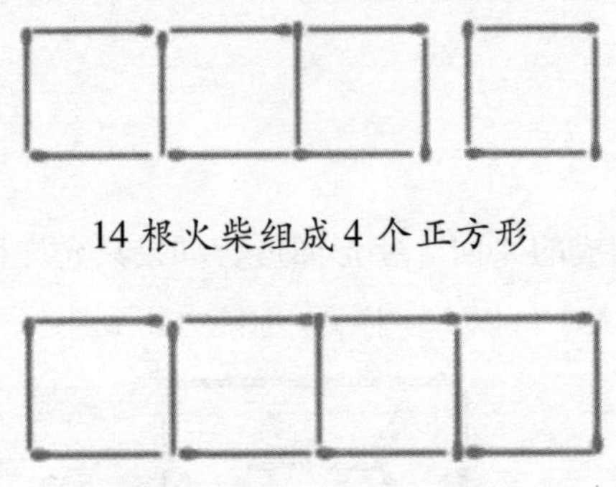

14 根火柴组成 4 个正方形

13 根火柴组成 4 个正方形

现在所有的正方形都连在一起了，怎么才能再减少一根火柴变成 12 根呢？别着急，这些正方形可都是一个连一个接起来的，这也浪费了一些，如果变成两层呢，自己不妨来试试。问题的结果出来了，像右图一样摆成“田”字就是了。而且我们看出，在“田”字里可不止有 4 个正方形，还有一个大正方形呢，总共是 5 个。

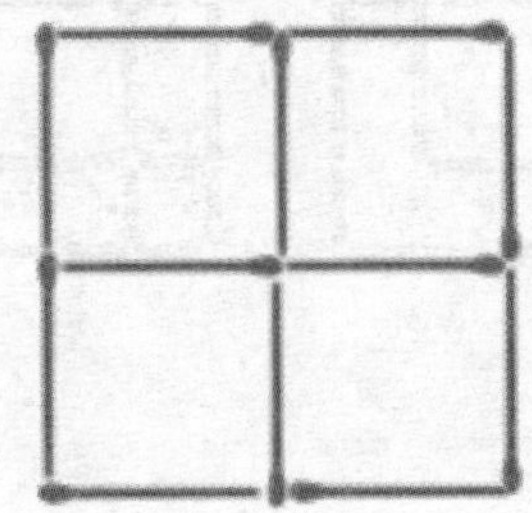

12 根火柴组成 5 个正方形

下面的任务比较艰巨，拿掉一半，只剩下 6 根的时候，还能再是 5 个正方形么？刚才摆成的图形给了我们提示，“田”字就是 5 个正方形，我们平时写“田”字需要几笔呢？竖、横折、横、竖、横，好像只需要五笔就能写成。那就好办了，其中的横折必须是两根火柴，其他的一根就够了，这下我们把火柴叠在一起，摆成了下边的图形。

6 根火柴组成 5 个正方形

游戏 42

请你在图中去掉 4 根火柴，使图变成没有正方形的图。

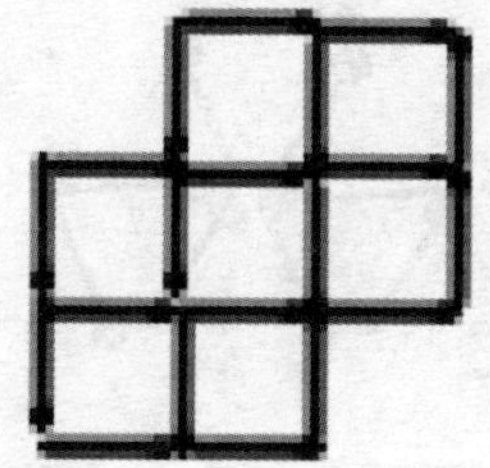

答案：

游戏 43

3 根火柴可以摆成一个三角形，请你在图中再添上 3 根火柴，将这个三角形分成六个同样大小的小直角三角形。

答案：

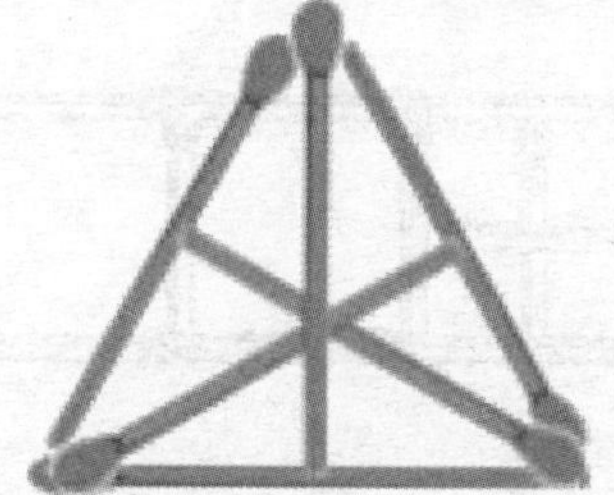

游戏 44

请你只移动 3 根火柴把三个三角形变成五个三角形。

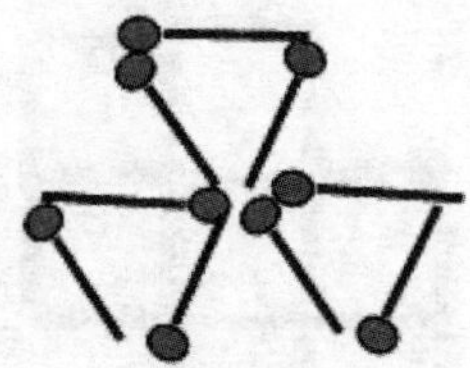

答案：三个三角形用了 9 根火柴，要变成五个三角形，需要用到 15 根火柴，这样少了 6 根火柴。因此，变成的三角形中一定要使 6 根火柴重复使用。可以这样移动：

游戏 45

下图是由 12 根火柴组成的 3 个正方形，你能移动 3 根火柴，使图中出现七个正方形吗？

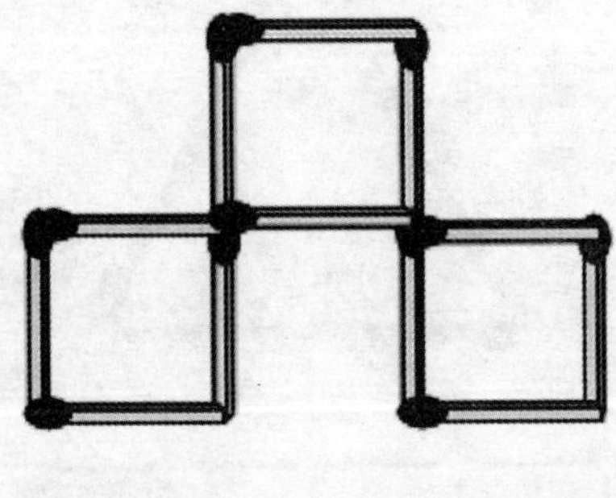

答案：

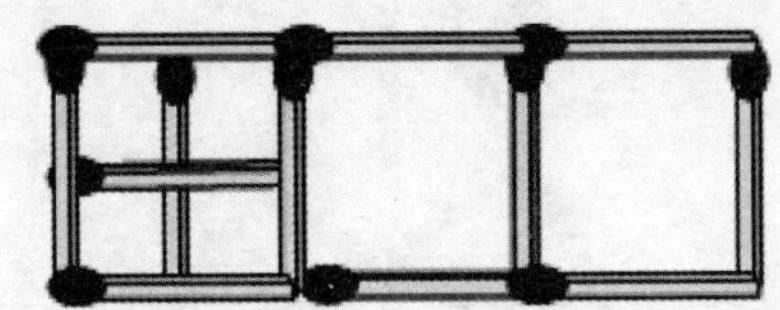

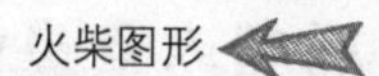

游戏 46

12 根火柴组成了六个三角形，你能只移动 5 根火柴，将它变成三个三角形吗？

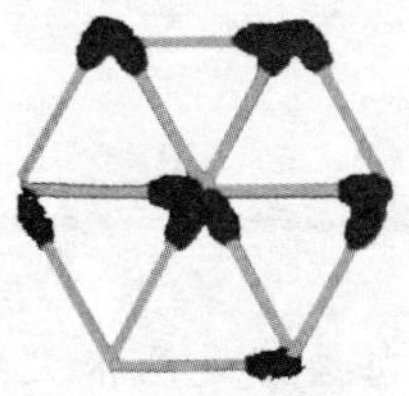

答案：

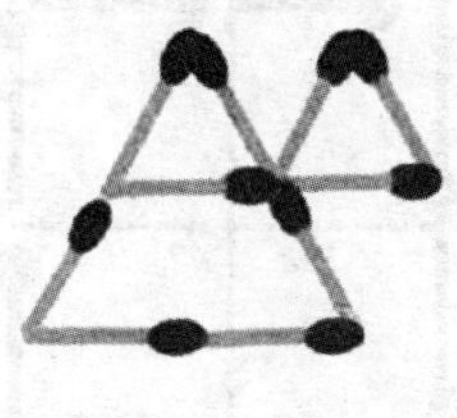

游戏 47

这是用 22 根火柴摆成的八个正方形，请抽走 7 根火柴，变成四个正方形。

答案：

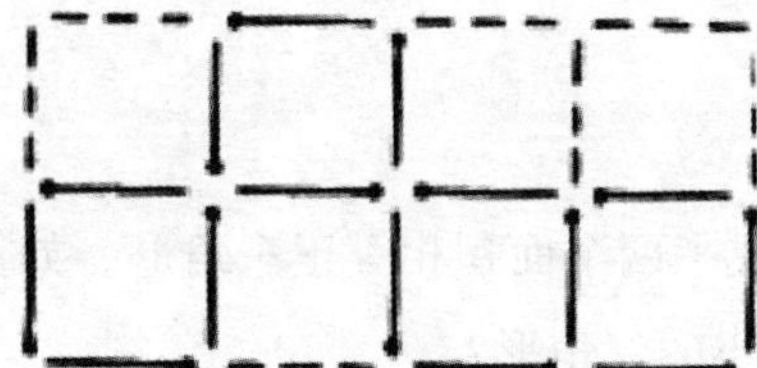

游戏 48

用 8 根火柴可以摆成一个正方形。现添两根，即用 10 根火柴能摆出与这个正方形同样大小的图形吗?

答案：八根火柴摆成一个正方形，每边必是两根火柴。它可以分成四个小正方形（如下图所示）。

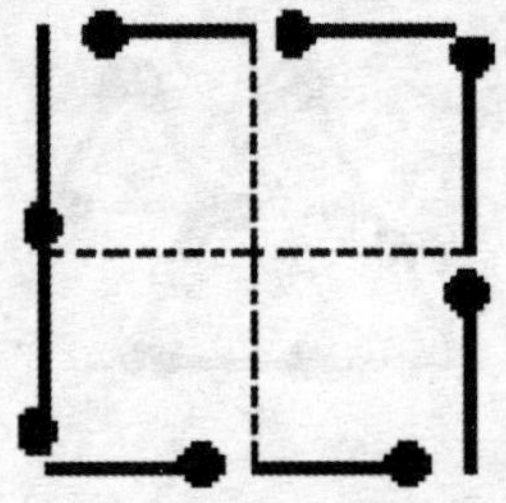

因此，只要用10根火柴摆出四个同样大小的小正方形的图形即可。下面的四个图形都符合题意。

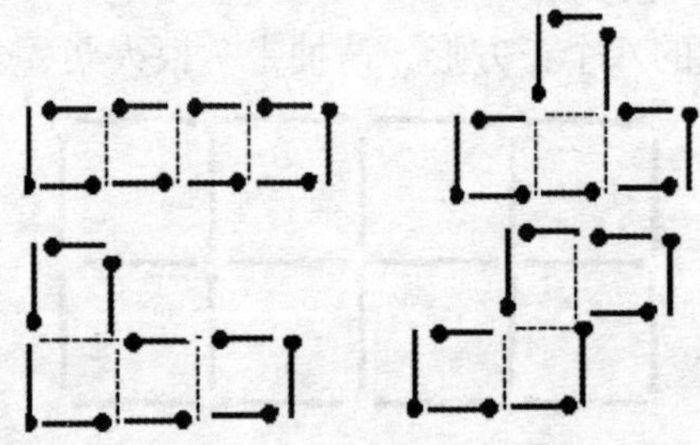

游戏49

6根相同长度的火柴组成了两个面积相等正三角形，如何移动3根火柴，使其组成四个和原来的三角形同样大小的三角形?

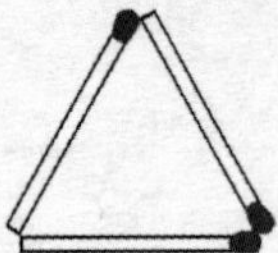

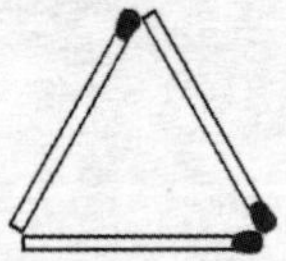

答案：如下图所示，即做成一个正四面体就可以了。

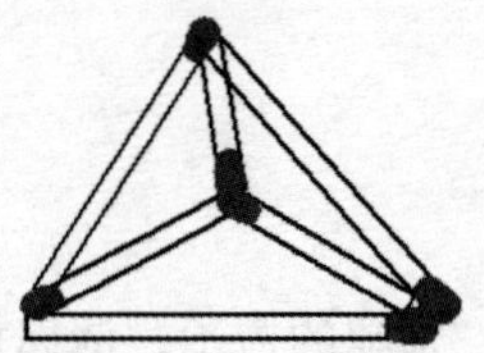

游戏 50

下图是由 12 根火柴摆成的正方形，它共含有五个正方形。请你只移动 2 根火柴，使图形中分别含有六个正方形和七个正方形。

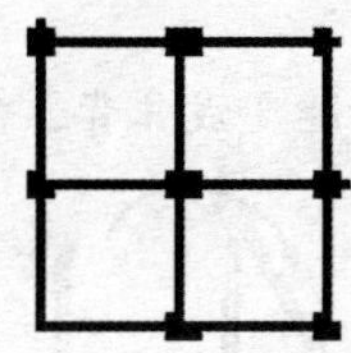

答案：

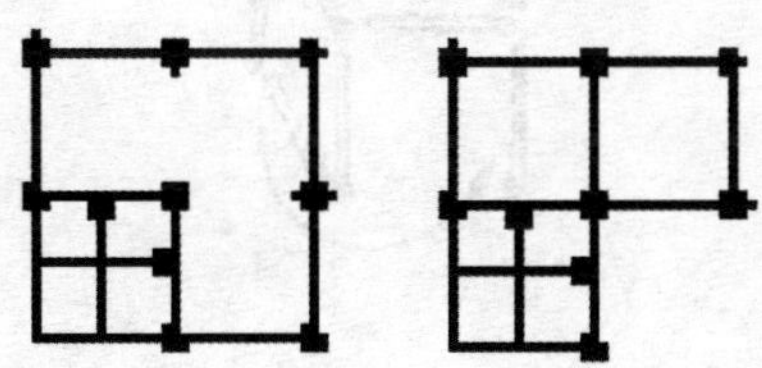

游戏 51

拿去 16 根火柴里的 4 根，把这个图变成四个大小相等的三角形。

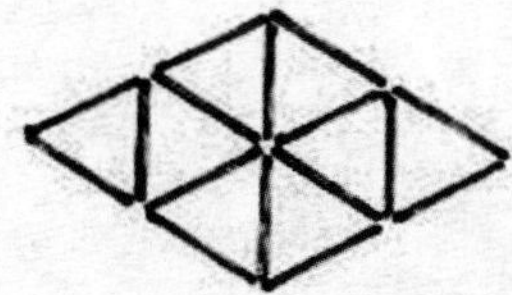

答案：

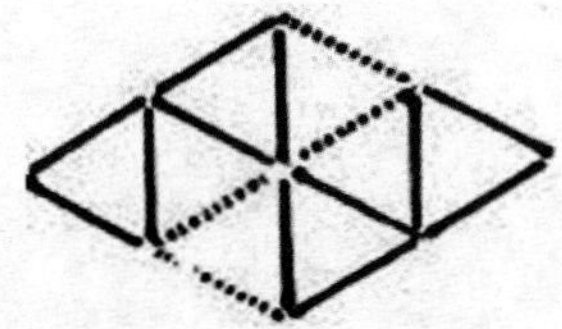

游戏52

下图所示为一个倒放着且缺一条腿的椅子，请你移动两根火柴把椅子摆正过来。

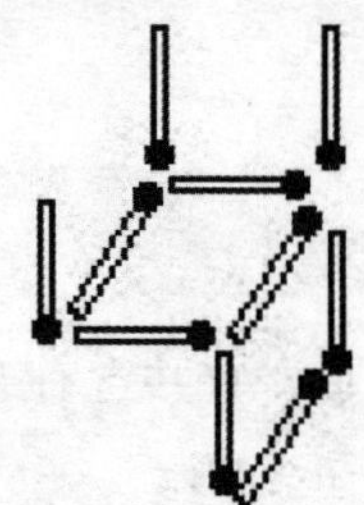

答案：要把椅子摆正过来，就要使椅腿变成靠背，靠背变成椅腿。见图。

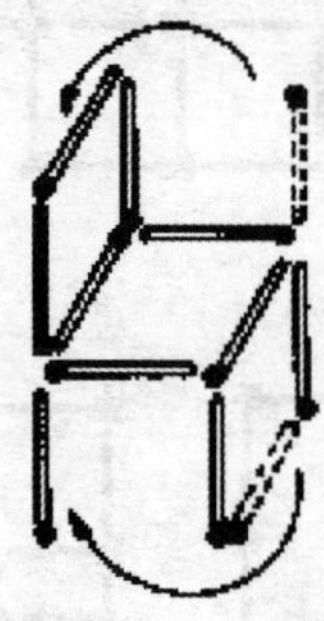

扑克图形

游戏 1

下面这个用扑克牌摆成的等式显然是错误的，你只能通过移动已有的 4 张扑克牌来纠正这个等式，不可以添加任何其他的数字符号。你能做到吗？

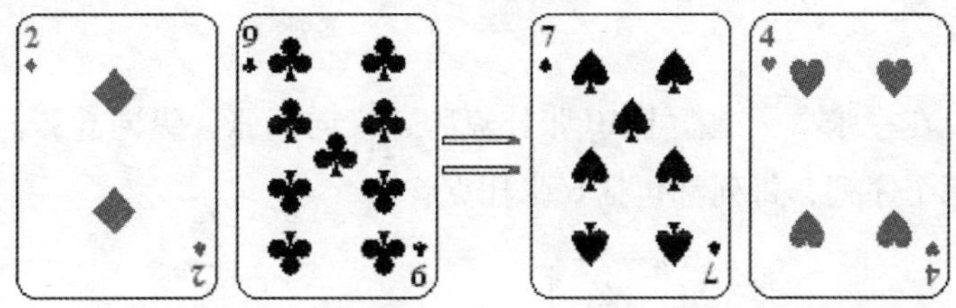

答案：可以组成一个正确的等式：$7^2=49$。

游戏 2

如图所示，将红桃 A ~ 10 这 10 张牌摆成一排，如何变换一下顺序，使相邻的两张牌的点数之和为 13，11，13……

答案：排列顺序如下：

10　3　8　5　6　7　4　9　2

游戏 3

红桃 A ~ 9 这 9 张牌摆成如下图所示的形式。只调换一次相邻的两张牌，使其牌点数组成的 9 位数成为能被 19 整除的最大数。

答案：将红桃3、4两张牌调换，如下图所示：

上述9张牌的点数组成的9位数显然为能被19整除的最大数，即：

987653421 ÷ 19 = 51981759

游戏4

如图所示，在一张桌子上摆上10张扑克牌，横向5张，纵向6张。请移动两张扑克牌，使纵横两个序列，每列都包括6张扑克牌。

答案：这个问题只能这样解决：把一张扑克牌从图形的“右臂”移到“左臂”，并把最下面的扑克牌移到中间那张扑克牌的上面。

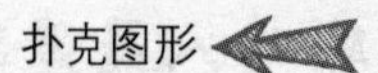

游戏 5

24 张扑克牌要排成 6 排，每排要排 5 张，怎么排？

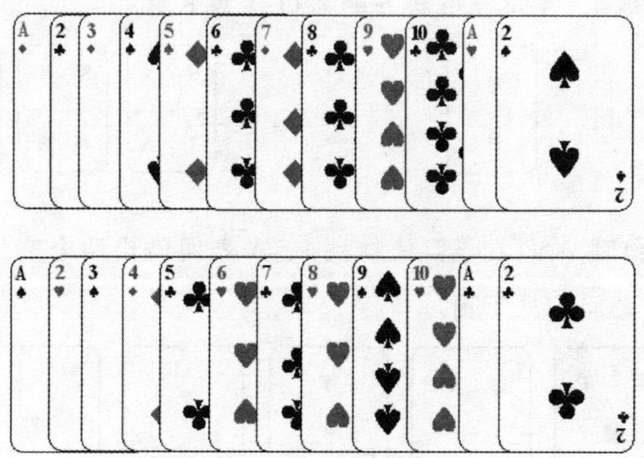

答案：如图所示，排成六边形就可以了。

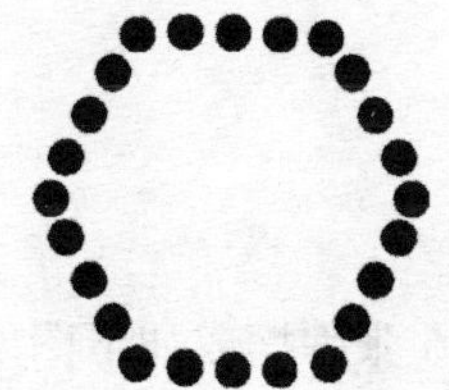

游戏 6

红桃 A ~ 5 摆成如下图所示的形式。

现规定，每次跳牌只能是两张一起跳，这两张牌可以是相邻的，也可以是中间有空位的。在跳动过程中要始终保持这两张牌的相对位置，所落之处可以为两个空位上，也可为位于桌子上的两张牌之间，若发生后一种情况，允许移动桌子上的牌，使之腾出两个空位供两张跳牌落下占用。要求按上述规定，跳 3 次牌，使上述 5 张牌从左至右为红桃 5 ~ A。

答案：

第 1 次跳：将红桃 3、4 跳至红桃 A 的左边，见下图。

第 2 次跳：将红桃 4、A 跳至红桃 5 的右边，见下图。

第 3 次跳：先将红桃 A 向右移，使红桃 4、A 之间腾出两个空位，然后将红桃 3、2 跳至红桃 4 与红桃 A 之间，见下图。

游戏 7

红桃 A ~ 8 和黑桃 A ~ 8 共计 16 张牌摆成如下图所示的形式。

规定：

（1）红桃牌只能往右或往下移牌或跳牌，而黑桃牌只能往上或往左移牌或跳牌。

（2）移牌只能是在空位旁边的牌移至空位，但必须是在遵循（1）的前提下进行。

（3）跳牌只能跳过 1 张而落在空位上，而且，红桃牌只能跳越过 1 张黑桃牌，而黑桃牌只能跳越过 1 张红桃牌，但无论哪一种跳牌，都必须是在遵循（1）的前提下进行。

答案：移或跳共计 46 次，其顺序为：红桃 A，黑桃 A，黑桃 2，红桃 A，红桃 2，黑桃 4，黑桃 5，红桃 2，红桃 5，红桃 6，黑桃 A，黑桃 2，红桃 5，红桃 4，红桃 7，黑桃 4，黑桃 5，黑桃 3，红桃 5，黑桃 7，黑桃 8，红桃 A，红桃 4，红桃 7，红桃 8，黑桃 A，黑桃 2，红桃 3，黑桃 5，黑桃 3，黑桃 6，红桃 4，红桃 7，红桃 3，黑桃 7，黑桃 8，红桃 2，红桃 3，红桃 6，黑桃 3，黑桃 6，红桃 6，红桃 8，黑桃 7，黑桃 8，红桃 8。

游戏 8

规定每次只允许移动一张牌，且只允许将空位旁边的牌移至空位，请问怎样移动，才能使图 A、图 B 变成图 C？

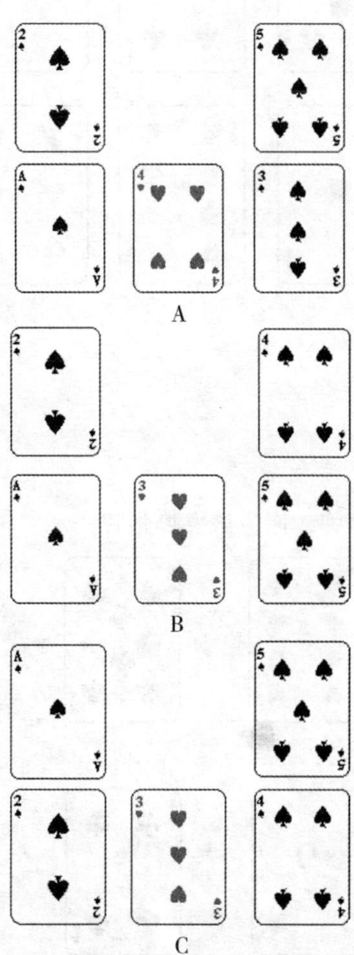

答案：（1）A to C，移 18 次（数字代表牌点数）：4，1，2，4，1，3，5，1，4，2，3，4，1，5，4，3，2，1。

（2）B to C，移 22 次（数字代表牌点数）3，1，2，3，1，5，4，1，3，2，5，3，1，4，3，5，2，1，5，3，4，5。

游戏 9

由 6 张牌组成一个 2 行 3 列的方阵，使得每一行的三张牌的点数组成的三位数是一个完全平方数，每一列从上往下两张牌的点数组成的两位数也是一个完全平方数。

答案：

$841 = 29^2$　　$196 = 14^2$

游戏 10

如果轮到你发第六张扑克牌，你应该发哪张牌？

答案：红桃5。扑克牌点数递减，花色间隔出现。

游戏11

如下图所示，这是一幅由九张扑克牌摆放成的图案，有一张牌被故意隐藏起来了，你能找出这个牌型的规律，猜到那张看不见的牌是什么牌吗？

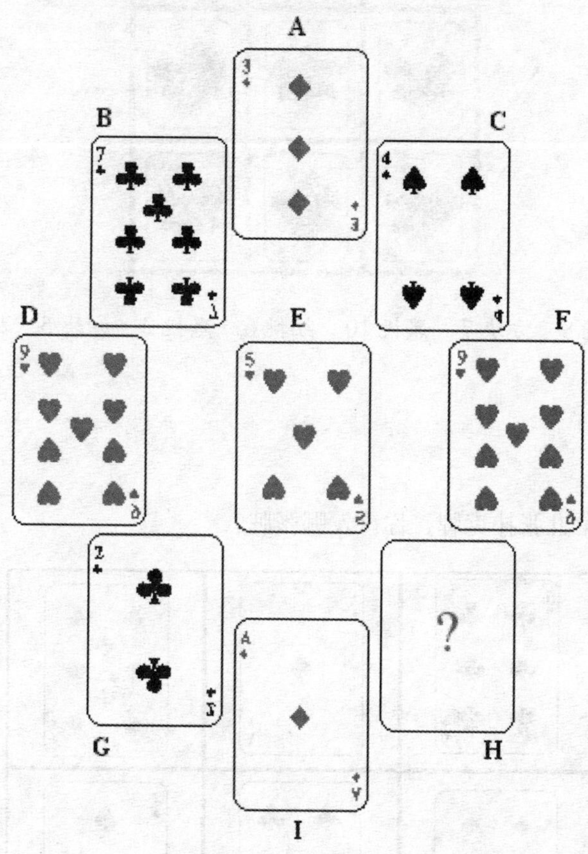

答案：黑桃5。每一竖排中，垂直相对的牌加起来都等于9。而花色的变化顺序是D B A C E G I H F：红桃→梅花→方块→黑桃→红桃→梅花→方块→黑桃→红桃。

游戏12

如下图所示，点数为2～10的扑克牌已经摆好了，其中一张纸牌正面向上，已知：

（1）纸牌10不在最右面的一列中。

（2）每一行，每一列，每条对角线上的3张纸牌上的数字之和相等。相邻的扑克牌花色互不相同。

(3) 角落里的 4 张扑克牌为同一花色。

(4) 方块牌比红桃牌的数量多。

你能正确地推算出其他的 8 张扑克牌吗?

答案:方块 3　梅花 8　方块 7　黑桃 10　红桃 6　黑桃 2　方块 5　梅花 4　方块 9

游戏 13

如果轮到你发第九张扑克牌,你该发哪张牌?

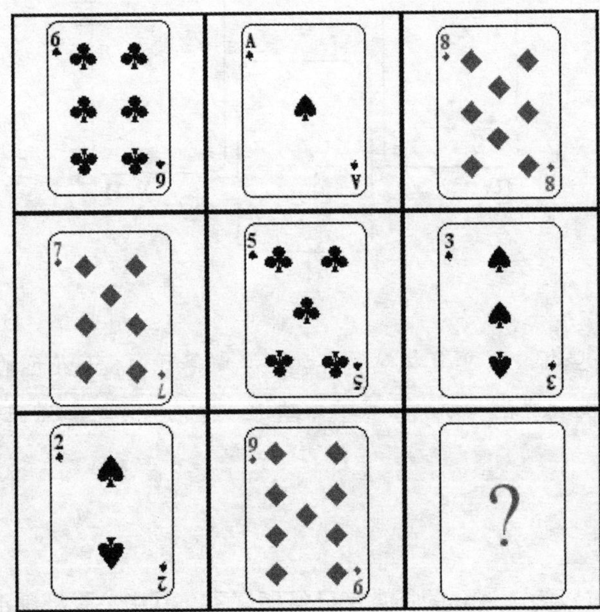

答案:梅花 4。格内横行、纵行、对角线的三个数相加,和为 15,且黑桃、方片、梅花三种花色交替出现。

游戏 14

填什么牌能完成这个谜题？

答案：黑桃10。每列扑克牌数上的点数之和均为20，每行的四张牌花色各异。

游戏 15

想一想，哪张扑克牌替代问号后可以完成如图所示的这道难题，仔细观察和分析这个牌局，你将找到一定的头绪。

答案：梅花9，把红色扑克牌看成是正数，把黑色扑克牌看成是负数。在图中每列扑克牌中，最下面一张牌等于上面两张牌数值的和。每列牌的花色交替重复。

游戏16

猜一猜，哪张扑克牌可以替换问号完成这道题？

答案：黑桃3。把图形垂直分成两半，在每半部分中，以蛇形和梯子形进行，以左上角的牌为起点向右移动，然后下移1行再向左移动，最后移到右边。左半部分牌的数值以3和4为单位交替增加，右半部分牌的数值以4和5为单位交替增加。下面让我们再来计算花色吧，仍然以蛇形和梯子形进行，从整个图形的左上角开始向下移动，然后右移1格从下向上进行，依此类推。这些牌的花色按这样的顺序排列，从红桃开始，然后是梅花、方块和黑桃。

游戏17

哪张牌适合放在问号处？

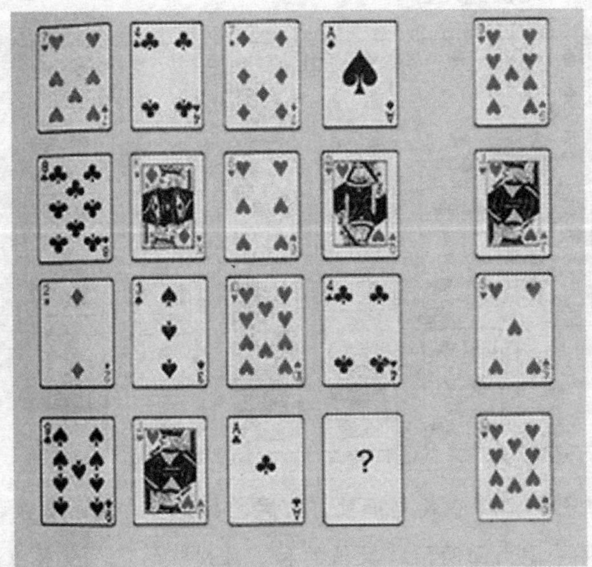

答案：方块9。每行中红色的扑克牌的点数减去黑色扑克牌的点数，即为右边红桃的点数。并且，每一行中均包括有四种花色。

游戏 18

桌面上有一个三角形图案和点数1到9的9张扑克牌，其中点数为1、2、3的3张扑克牌已经摆放在三角形的三个角上。如何分配剩余的6张牌，使三角形的每条边上的扑克牌的数量、点数之和都相等呢？

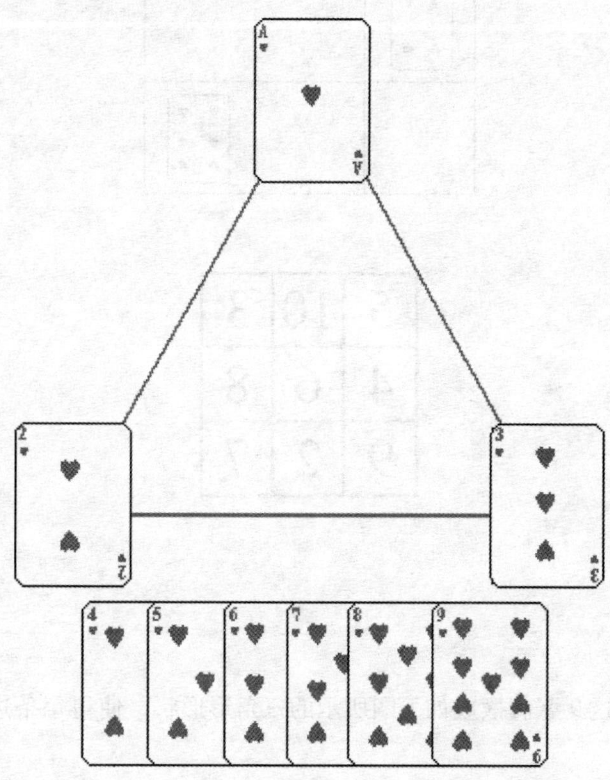

答案：

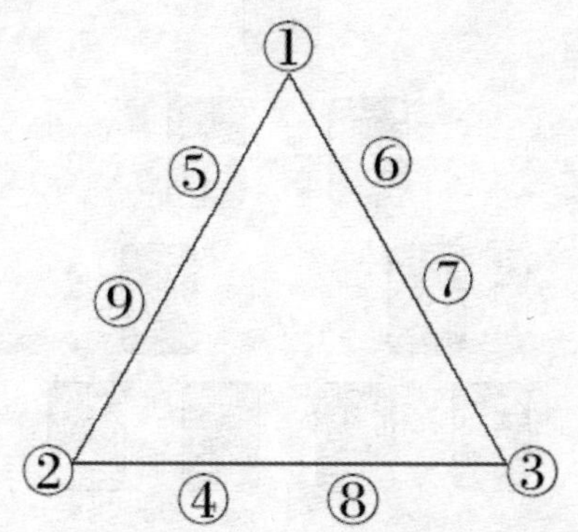

游戏 19

从任意花色的、点数为从 2 到 10 的 9 张扑克牌中再选取 7 张，放入空格中，使每一行、每一列、每一条对角线 3 张牌的和都等于 18。

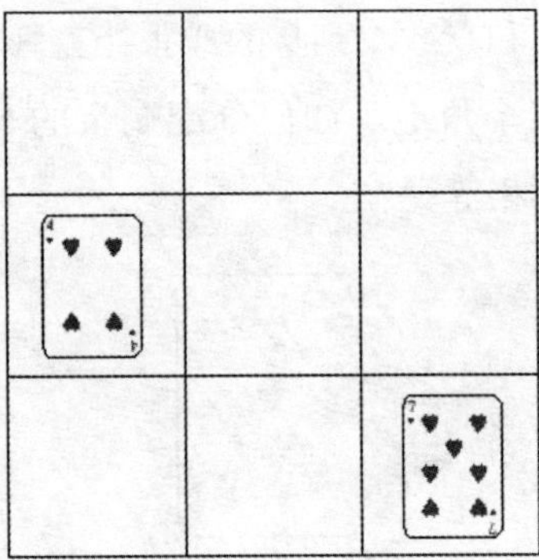

答案：

5	10	3
4	6	8
9	2	7

游戏 20

用红桃 A ~9 这 9 张牌摆成如下图所示的三角形形状，使得每条边上的 4 张牌的点数之和等于 21。

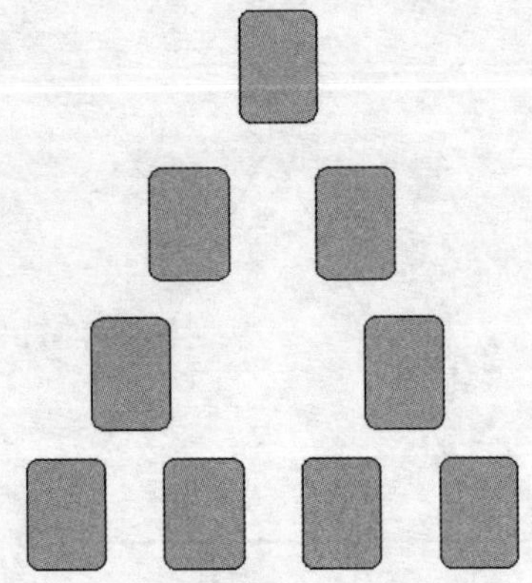

答案：

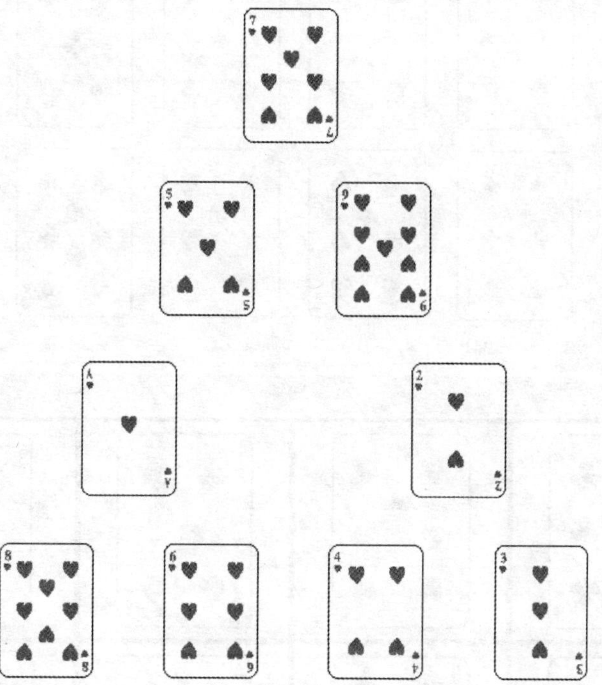

游戏 21

把所有的扑克牌都放入方框，使横、竖、斜行的点数和都等于 23。

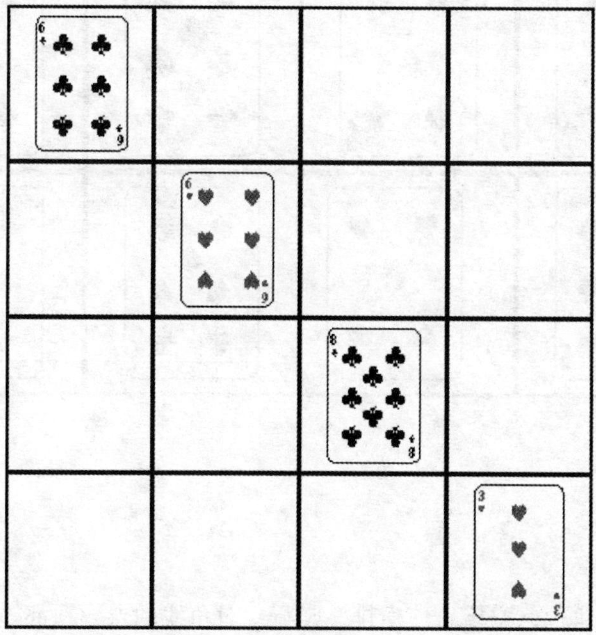

答案：

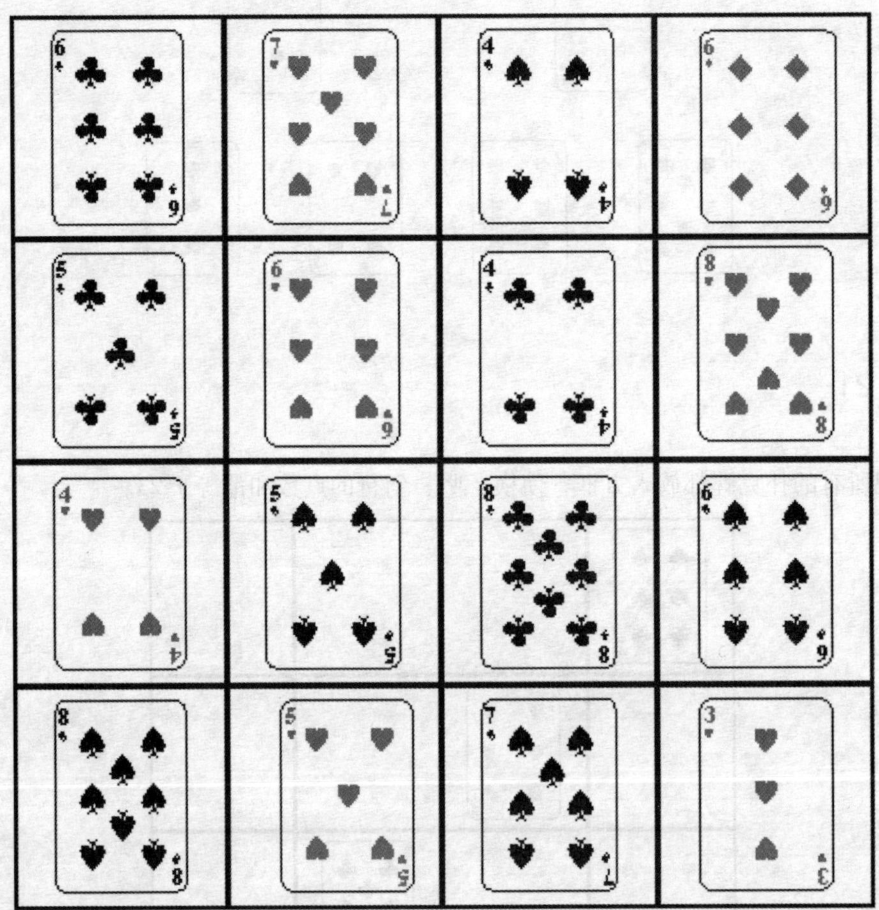

游戏22

把所给的扑克牌放入空格，使横排、竖行、对角线的点数和都等于25。

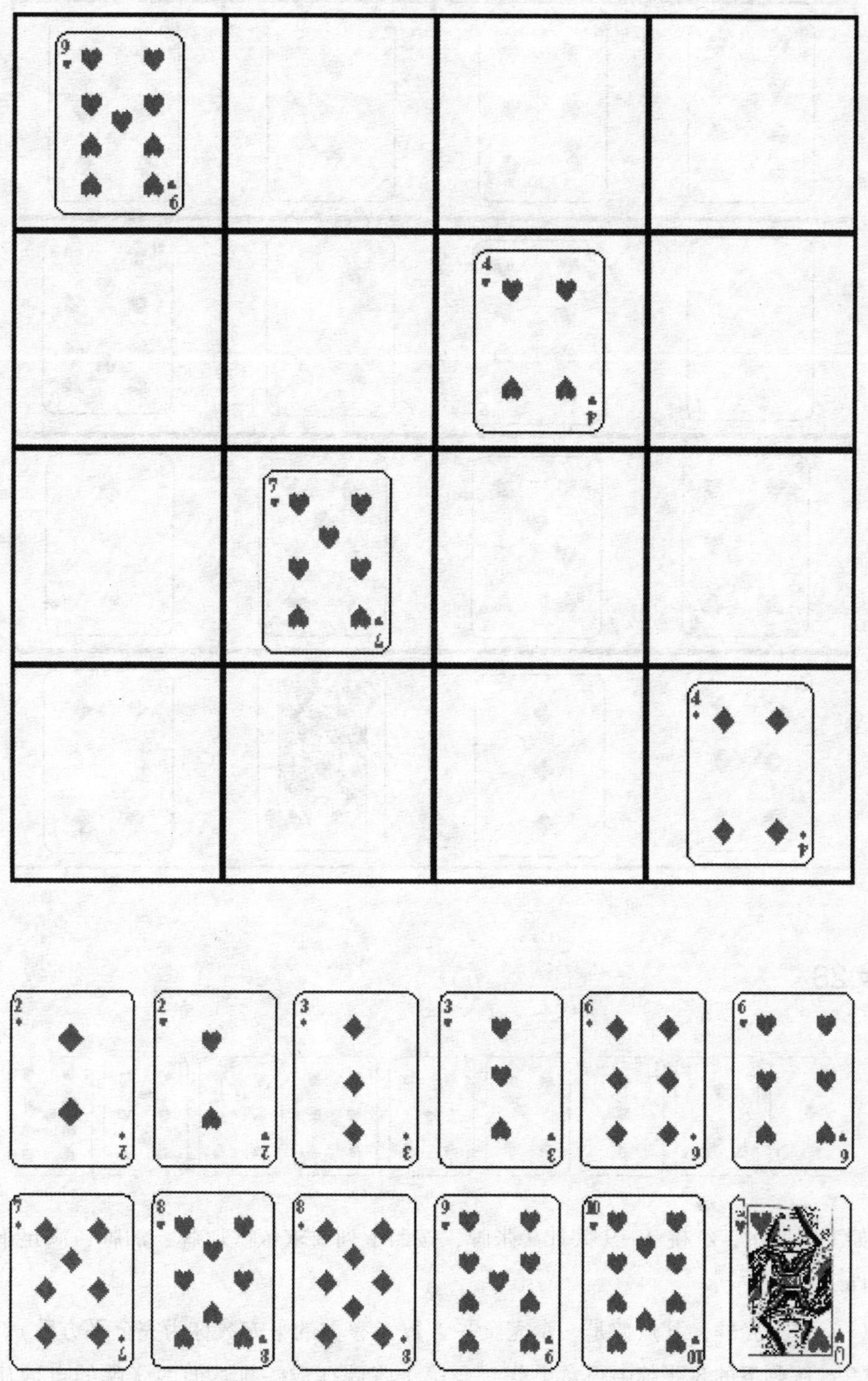

答案：

游戏 23

如上图所示，红桃 A ~9 共计 9 张牌，按照下列要求依次取牌、加牌，满足下列所有条件。

（1）拿 1 张牌，其点数是一个完全平方数（整数的平方数称为完全平方数）。

（2）从剩下的 8 张牌中再拿 1 张，与第 1 张牌摆成一排，但两张牌的点数从左至右必须由小到大，这两张牌的点数组成的两位数也是一个完全平方数。

（3）从剩下的牌中再拿一张与前面的两张牌摆成一排，但要求各牌的点数从左至右必须由小到大，这三张牌的点数构成的三位数仍是一个完全平方数。

（4）依此类推，看最多能构成几个完全平方数？

答案：

第一步：取红桃 A，显然 $1=1^2$。

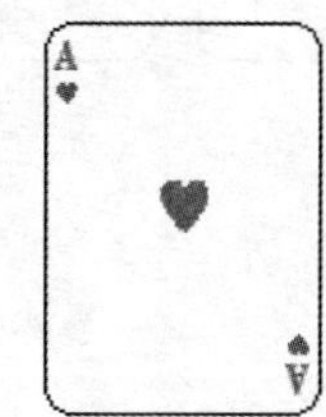

第二步：再取红桃 6，如下图排列，则有 $16=4^2$。

第三步：再取红桃 9，如下图排列，则有 $169=13^2$。

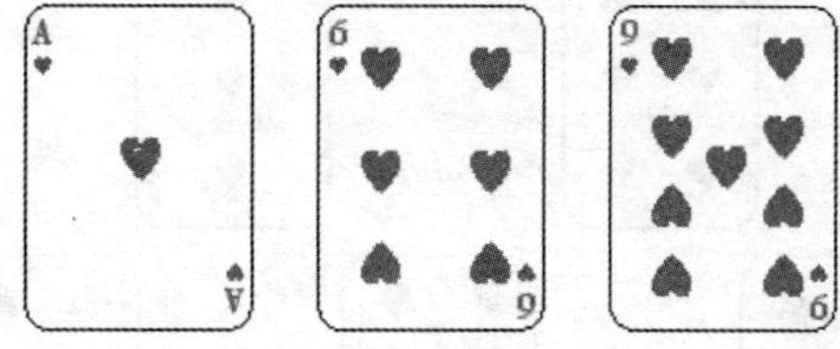

第四步：再取红桃 3，如下图排列，则有 $1369=37^2$。

第五步：再取红桃 8，如下图排列，则有 $13689=117^2$。

第六步：再取红桃4，如下图排列，则有 $134689 = 367^2$。

游戏24

10张扑克牌如下图所示摆成一个三角形，现只允许移动3张牌，倒转这个三角形，而且使倒转之后的三角形每条边上的4张牌的点数之和相等，每条边上的4张牌的点数平方之和也相等。

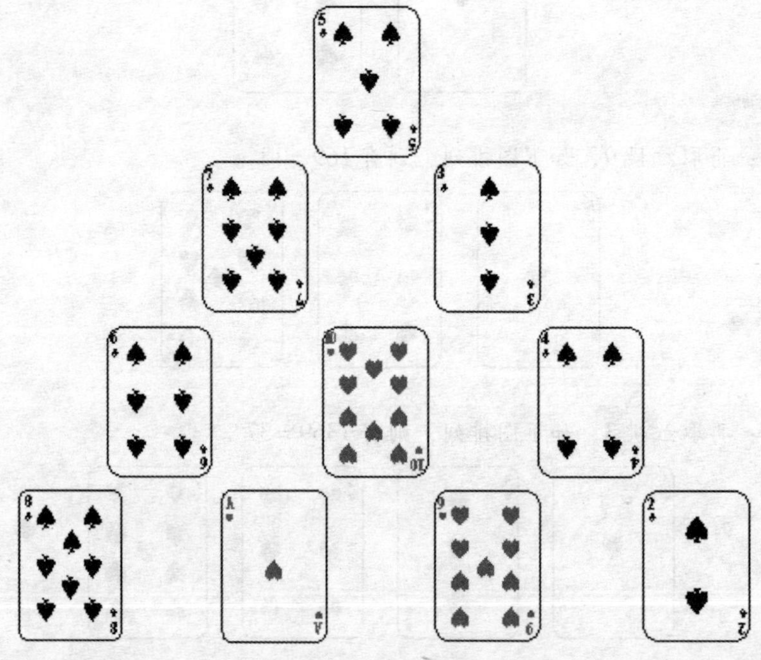

答案：将黑桃5移至红桃A与红桃9的下面；将黑桃8移至黑桃7左边；将黑桃2移至黑桃3的右边。这样移动3张后，这个三角形就倒转了过来，且每条边上的4张牌的点数之和都为20，每条边上4张牌点数平方之和都为126，如下图所示。每边点数之和：$8+7+3+2=2+4+9+5=5+1+6+8=20$。每边点数平方和：$8^2+7^2+3^2+2^2=2^2+4^2+9^2+5^2=5^2+1^2+6^2+8^2=126$。

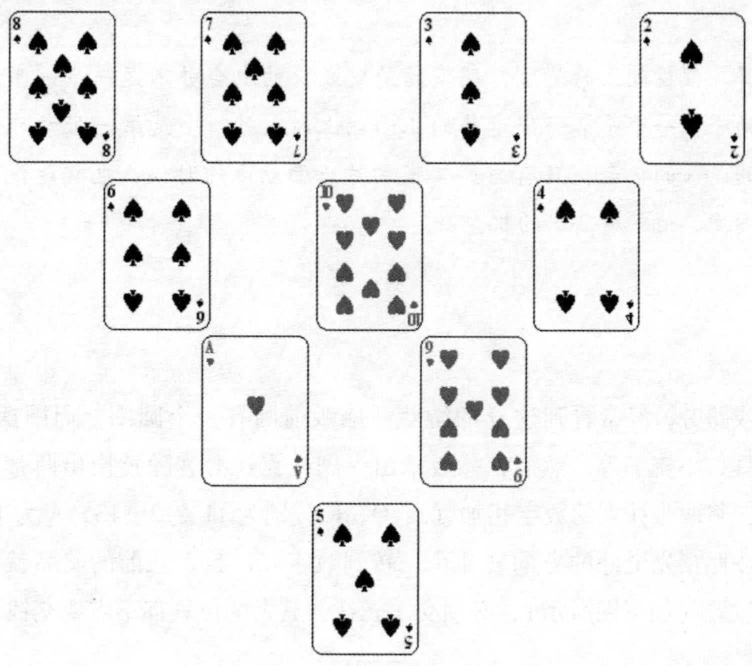

游戏 25

有一个人经常玩扑克牌，而且是变着花样地玩。一天，他摆出做了标记的 3 张扑克（如图所示）。扑克正反两面分别画上√或 ×。他说他可以把这 3 张扑克给任何人，在不让他看到的情况下选出一张，放在桌上，朝上的是正面或反面都没有关系。只要他看了朝上那面后，会猜出朝下的是什么标记。猜对了，就请对方给他 100 元；猜错了，他就给对方 200 元。扑克上√和 × 占总数各半，也没有其他任何记号。你觉得他有胜算吗？

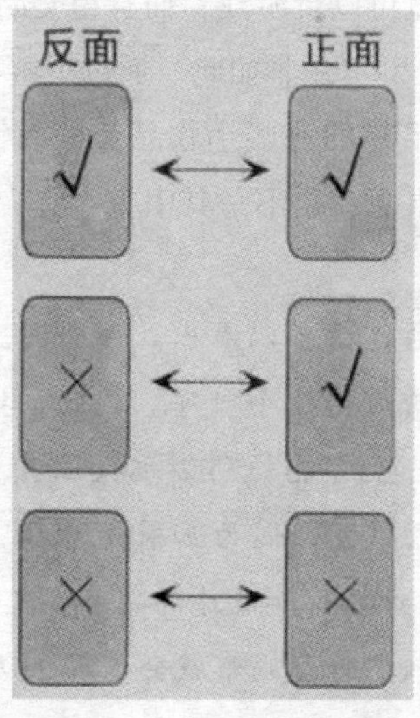

答案：有胜算。假设朝上的是√，朝下的是√或×的机会并不是一半一半。朝下的是勾的机会有两个：一个是第一张卡片的正面朝上时；另一个是第一张卡片的反面朝上时。但朝下的是×的机会，只有当第二张卡片正面朝上的时候，也就是说，只要回答朝上那面的图案，他就有2/3的机会赢。

游戏26

在公园或路旁，经常看到这样的游戏：摊贩前画有一个圆圈，周围摆满了奖品，有钟表、玩具、小梳子等，然后，摊贩拿出一副扑克让游客随意摸出两张，并说好向哪个方向转，将两张扑克的数字相加（J、Q、K分别为11、12、13，A为1），得到几就从几开始按照预先说好的方向转几步，转到数字几，数字几前的奖品就归游客，唯有转到一个位置（如下图所示），必须交2元钱，其余的位置都不需要交钱。

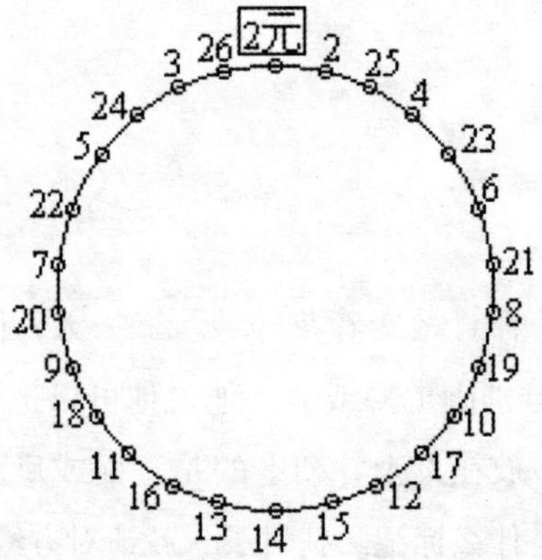

真是太便宜了，不用花钱就可以玩游戏，而且得奖品的可能性“非常大”，交2元钱的可能性“非常小”。然而，事实并非如此，通过观察可以看到，凡参与游戏的游客不是转到2元钱就是转到微不足道的一些小物品旁，而钟表、玩具等贵重物品就没有一个游客转到过。这是怎么回事呢？是不是其中有“诈”？

答案：这其实是骗人的把戏。通过图可以看出：由圆圈上的任何一个数字或者左转或者右转，到2元钱位置的距离恰好是这个数字。因此，摸到的扑克数字之和无论是多少，或者左转或者右转必定有一个可能转到2元钱位置。即使转不到2元钱，也只能转到奇数位置，绝不会转到偶数位置，因为如果是奇数，从这个数字开始转，相当于增加了“偶数”，奇数+偶数=奇数；如果是偶数，从这个数字开始转，相当于增加了“奇数”，偶数+奇数=奇数。我们仔细观察就会发现，所有贵重的奖品都在偶数字前，

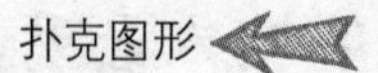

而奇数字前只有梳子、小尺子等微不足道的小物品。由于无论怎么转也不会转到偶数字，也就不可能得贵重奖品了。

对于小摊贩来说，游客花 2 元钱与得到小物品的可能性都是一样的，都是 1/2，所以相当于小摊贩将每件小物品用 2 元钱的价格卖出去。

游戏 27

将红桃 A ~ K 共计 13 张牌在桌子上摆成一圈，如下图所示。

甲乙二人玩取牌游戏，规则如下：

（1）甲乙二人轮流取牌。

（2）轮到谁取牌，他可以取 1 张，也可以取相邻的而且之间没有空位的两张牌，但不允许 1 张都不取。

（3）谁最后拿完桌子上的牌，谁为赢家。

如果你是甲，如何保证必胜？

答案：

让乙先取牌。二人轮流取牌情况如下，则甲方必胜。

乙：红桃 K

甲：红桃6、7

乙：红桃4

甲：红桃9

乙：红桃J、Q

甲：红桃A、2

乙：红桃3

甲：红桃10

乙：红桃8

甲：红桃5（全部拿完，成为赢家）

因为甲掌握了制胜的诀窍——争取后取。在这种情况下，他采取以下策略：

（1）当乙先取走一张牌时，此时圆圈上首先出现了一张牌的空位。于是甲在这一空位的相对位置上取走两张牌，使之出现两张牌的空位，这样，圆圈剩下的牌，被乙和甲第一轮取牌后出现的两个空位分割成数量相等的两部分。例如，上述游戏中，乙取走红桃K一张牌后，甲接着取走红桃6、7，这样，圈上的牌就被分割成每部分为五张的两部分，即一部分为红桃A~5，另一部分为红桃8~Q。

（2）当乙先取出两张牌时，此时圆圈上首先出现了两张牌的空位，于是甲应在这一空位相对的位置上取走一张牌，使之出现了一张牌的空位，这样，圆圈剩下的牌，被乙和甲第一轮取牌后出现的两个空位分割成数量相等的两部分。

（3）在以后的每轮中，无论乙从哪一部分取走一张或两张牌，甲都在另一部分相对的位置上取走与乙张数相同的牌。从上述游戏中，可以看出甲从第二轮开始，始终坚持了这一制胜的策略。

游戏28

3阶幻方，相传是我国在公元前21世纪大禹治水时发现的，世人称之为“洛书”，后来人们又称之为“九宫图”，我国宋朝数学家杨辉将其称为“纵横图”。这是举世公认的最早的幻方，也是最简单的幻方。不重不漏地使用1~9这9个数组成一个3行3列方阵，使得3行中的每一行、3行中的每一列以及两条对角线中每一条对角线上的3个数之和都等于15，则把这样的方阵称之为3阶幻方。

（1）用红桃A~9这9张牌构成一个3行3列方阵，使9张牌的点数构成一个3阶幻方。

（2）在组成扑克牌3阶幻方的9张牌中，翻转其中的4张，使明牌的点数之和等于25。

（3）根据加法交换律，位于扑克牌3阶幻方每一条对角线上的两张扑克牌，位置是可以互换的，因此，扑克牌3阶幻方的答案不是唯一的。有一种扑克牌3阶幻方，3行中的每一行，3列中的每一列，两条对角线中的每一条，位于两端的两张牌的点数之和减去中间那张牌的点数，所得的差都为5。你能摆出这种特殊的扑克牌3阶幻方吗？

答案：

（1）如下图所示：

（2）在上述9张牌的点数构成的3阶幻方中，下面4个图中所示的明牌的点数之和都为25。

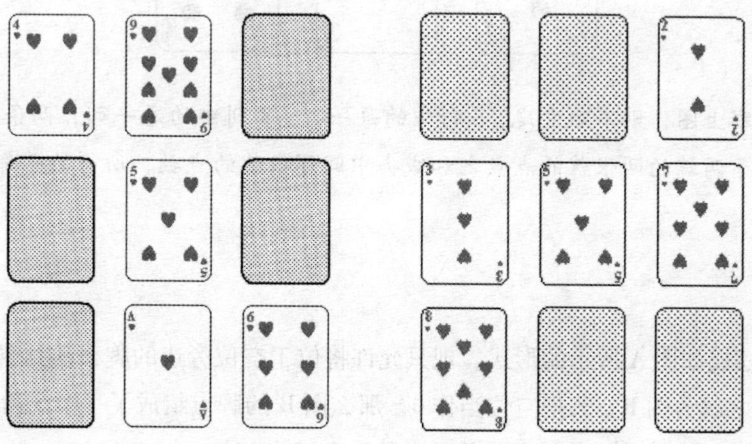

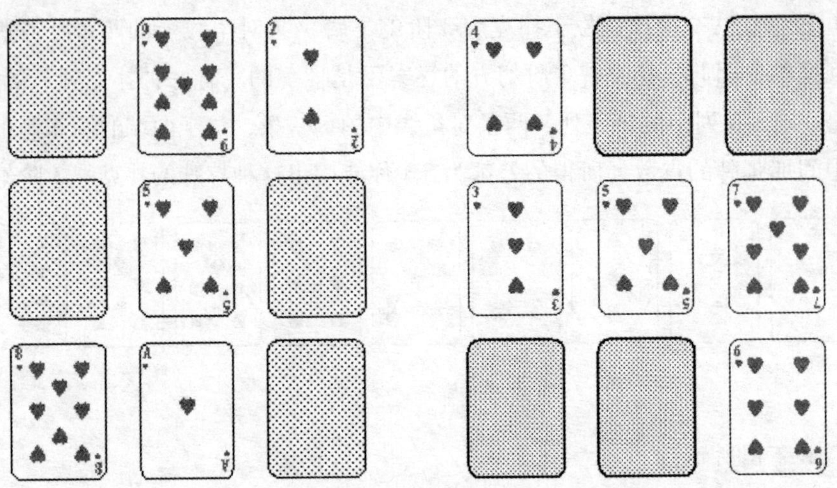

(3) 若在构成答案 (1) 所示的3阶幻方的9张牌中，将位于四个顶角上的红桃4与红桃6互换，红桃2与红桃8互换，则原3阶幻方图变为下图所示的形式。

仔细观察上图，则不难发现，3行中的每一行，3列中的每一列，两条对角线中的每一条，位于两端的两张牌的点数之和减去中间那张牌的点数，所得的差都为5。

游戏29

8张牌摆成如图A所示的形式，现只允许将位于空位旁边的牌移动到空位上去，怎样移动，使之成为图B？若把空位当作0，那么图B的牌点组成了一个3阶幻方，即每一行、每一列以及每一对角线上的牌的点数之和都为12。

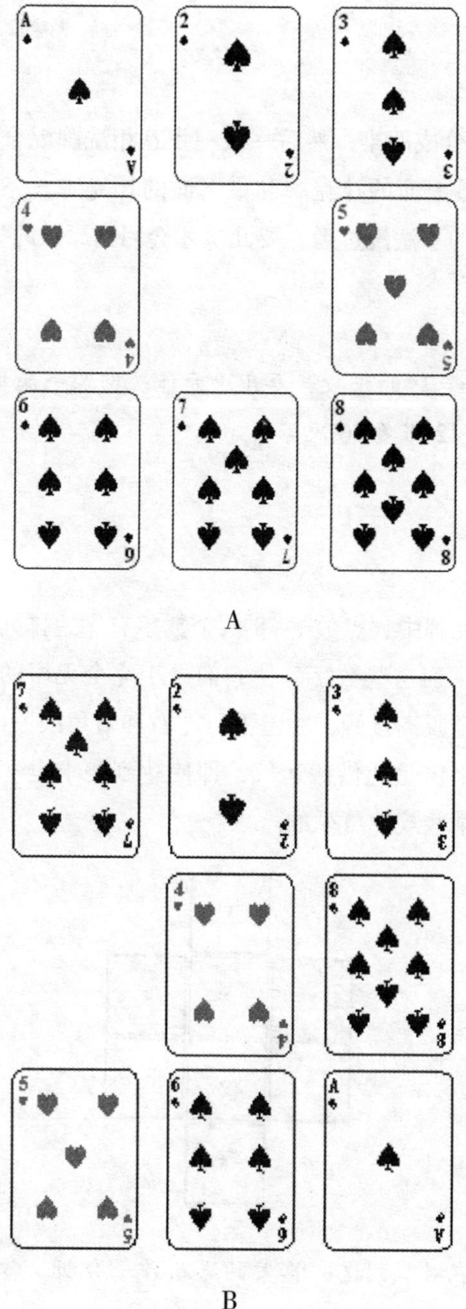

答案：移动 19 次，移动顺序为：4，1，2，4，1，6，7，1，5，8，1，5，6，7，5，6，4，2，7。

游戏 30

把 52 张扑克牌平均分成两半，然后一张一张互相洗牌混合后，经过 8 次，扑克牌的排法和原来的相同。最上面的扑克牌和最下面的扑克牌，完全洗成相同的位置。那么，10 张扑克牌用相同的手法洗过后，要几次才会回到原来的排列方法？（只动脑而不要拿牌实地搓洗。）

答案：6 次。记住其他扑克牌的张数，要几次才能洗回原来的排法。如 4 张要 2 次，6 张要 4 次，8 张要 3 次，12 张要 10 次等。

游戏 31

下图所示的八张扑克牌中，点数 1～8 八个数字有序地排列在一起。这道题目要求你在这八个方块中重新排列这些数字，使它们处于完全无序的状态，也就是说，任何两个连续的数字必须完全脱离接触，在上下、左右和对角线方向上都不能有任何接触。你如何做到这点？你如果仅是凭借碰运气，即使达到要求也不能算成功。你首先需要进行分析。这里还是有某些规律可循的。

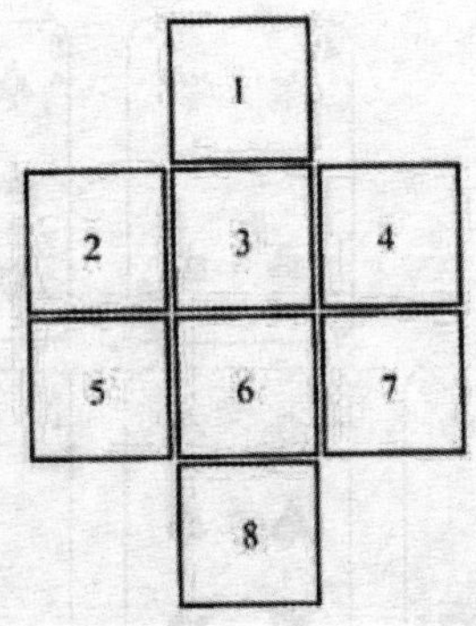

答案：如下图所示。现在对找到这一答案的思路作一分析。首先，我们注意到中间两个方格有其余方格所不具备的特点，即与它在上下、左右或对角线方向上有接触的方格共有 6 个（其余的方格只有 3 个或 4 个），这说明，对于填在中间两个格子中的任一数字而言，在 1～8 八个数字中，除了自身外，必须有 6 个数字和自身没有连续关系，或者说，只允许有一个数字与自身有连续关系。满足这一条件的数字只有两个，一个是 1，另一个是 8。因此，填在中间两个方格中的数字必须是 1 和 8。中间的数字确定后，其余数字就不难确定了。

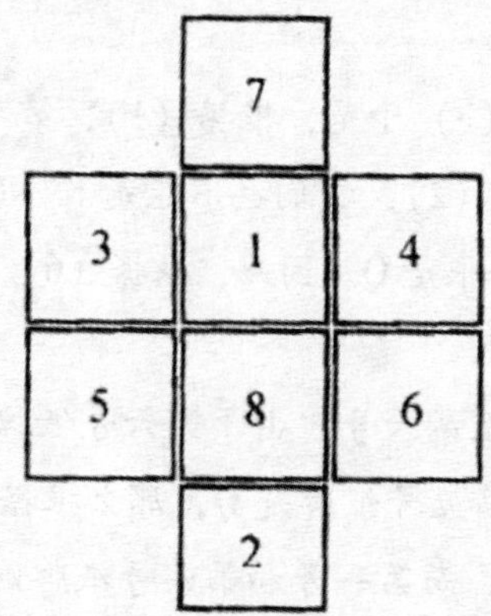

游戏 32

八张编了号的纸牌扣在桌上，它们的相对位置如下图所示：

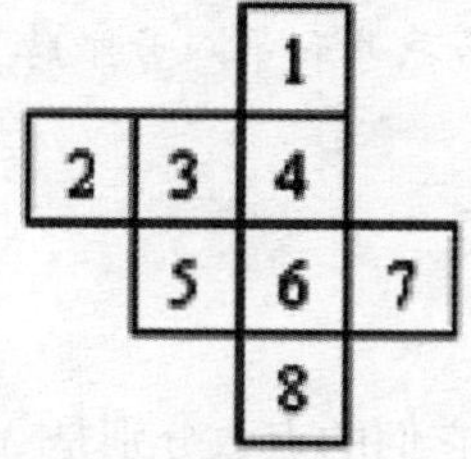

这八张纸牌：

（1）每张 A 挨着一张 K。

（2）每张 K 挨着一张 Q。

（3）每张 Q 挨着一张 J。

（4）没有一张 Q 与 A 相邻。

（5）没有两张相同的牌彼此相邻。

（6）八张牌中有两张 A，两张 K，两张 Q，两张 J。

编为第六号的是哪一种牌——是 A、K、Q 还是 J？

提示：假定第六号牌分别是 A、K、Q 或 J。只在一种情况下不会产生矛盾。

答案：假设第六号纸牌是一张 A。(a) 于是，根据 (5)，第七号和第八号纸牌都不能是 A；根据 (4)，它们不能是 Q；根据 (2)，它们也不能是 K。(b) 另外，根据 (3)，在第七号和第八号纸牌中最多只能有一张是 J。因此，根据 (6)，第六号纸牌不可能是 A。

假设第六号纸牌是一张 Q。(a) 于是，根据 (5)，第四、第五、第七、第八号纸牌都不能是 Q；而且根据 (4)，它们也不能是 A。(b) 另外，根据 (6)，第一、第二、第三号纸牌将是两张 A 和一张 Q；可是根据 (4) 和 (5)，这是不可能的。因此，根据

(6)，第六号纸牌不可能是Q。

假设第六号纸牌是一张J。(a) 于是，根据 (1)，第七号和第八号纸牌都不能是A；根据 (5)，它们不能是J；根据 (2)，它们也不能是K。(b) 另外，根据 (2)，在第七号和第八号纸牌中最多只能有一张是Q。因此，根据 (6)，第六号纸牌不可能是J。

于是，第六号纸牌只能是K。

可以确定的纸牌是第一号至第六号。由于第六号纸牌是K，根据 (2) 和 (3)，第五号或第四号纸牌是Q。如果第五号纸牌是Q，那么根据 (3)，第三号纸牌是J。再根据 (2)，第二号纸牌不能是Q，而第一号和第四号纸牌则分别是K和Q。再根据 (6)，第二号纸牌必定是J，而这与 (5) 发生矛盾。因此，第五号纸牌不是Q，而第四号纸牌是Q。于是，根据 (5)，第一号和第三号纸牌都不是Q；根据 (3)，第七号和第八号纸牌也都不是Q；而根据前面的推断，第五号纸牌也不是Q。因此，第二号纸牌是Q。接着，根据 (3)，第三号纸牌是J；根据 (2)，第一号纸牌是K。随后根据 (5) 和 (6)，第五号纸牌是A。余下第七号和第八号纸牌，则分别是J和A或A和J。

游戏33

从一副扑克牌中抽出10张，它们的点数分别是A、2、3、4、5、6、7、8、9、10，其中的A看成1点。能不能把这10张牌排成一个长方形，使它的一组对边上各有4张牌，另外一组对边上各有3张牌，并且每条边上各张牌的点数之和都相等?

答案：这些要求可以实现，下图就是一种满足条件的排列方法。在图中，每条边上各张牌的点数的和都等于18。

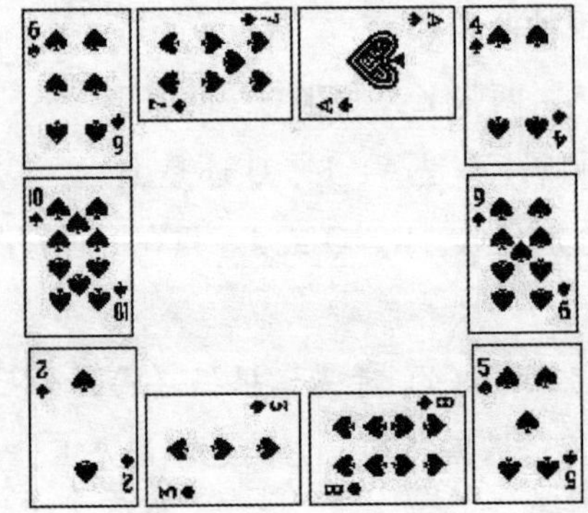

游戏34

如图，7张扑克牌正面朝上，现在要求你把它们全部翻成反面朝上。但每翻一次必须翻5张。最少用几次能完成这个任务?

答案：最少只要三次就可以了。第一次：1、2、3、4、5；第二次：2、3、4、5、6；第三次：2、3、4、5、7。

游戏35

三张扑克牌面朝下放在桌子上。有一张Q在一张K的右边；有一张Q在一张Q的左边；有一张黑桃在一张黑桃的右边；有一张黑桃在一张红桃的左边。请问这三张牌依次是怎么摆放的?

答案：依次是黑桃K、黑桃Q、红桃Q。

游戏36

三张扑克牌，一张A，A右边的两张中至少有一张K，而K左边的两张中也有一张K，三张中有一张是红桃，红桃左边的两张中至少有一张是梅花，而梅花右边两张中，也有一张梅花。请问它们是哪三张扑克牌?

答案：三张扑克牌为梅花A、梅花K、红桃K。

游戏37

三张扑克牌甲、乙、丙均面朝下放在桌子上。已知甲和乙的点数之和为15，乙和丙的点数之和为17。这三张牌中，没有一张牌点数是7，也没有一张牌点数大于9。这三张牌的点数各是多少?

答案：这三张牌的点数各是6、9、8。

游戏38

小明和小亮两个人玩扑克牌，玩了一阵，趣味已经不浓。

于是小明想出一个新花样。只见他从一副牌里抽出了一对A，一对2，一对3和一对4。然后说，把A看成1，这里有两个1、两个2、两个3、两个4。要把这8张牌排成一行，使得两个1中间隔1张牌，两个2中间隔2张牌，两个3中间隔3张牌，两个4中间隔4张牌，还要使它们组成的8位数最大。你能做到吗？

小亮把8张牌移来移去，结果组成了下面的数：

41312432。

经过检查，两个1中间隔1张3，两个2中间隔两张牌4和3，两个3中间隔3张牌1、2和4，两个4中间隔4张牌1、3、1、2，间隔条件完全满足。

第一张牌放4，已经保证了8位数的首位数字最大。第二张牌，如果放3或2，都不能满足间隔条件，只能放1。第三张牌放3，已经保证了第三位数字达到最大的可能。所以这是能得到的最大的数，完全满足条件。

顺便还能看出来，这是唯一满足全部条件的数。

小亮把桌上的牌全都收到自己手里，然后说，我也要考考你。有四对数字，两个1、两个2、两个3、两个4。要用它们排成一行，使两个1中间隔1个数字，两个2中间隔2个数字，两个3中间隔3个数字，两个4中间隔4个数字，还要使它们组成的8位数最小。不许用牌帮忙，你能做到吗？

答案：小明把小亮刚才得到的数倒过来写，成为23421314。

最小的也只有一个。满足间隔条件的只有互相颠倒的两个数，一个最大，另外一个最小。

游戏39

桌子上有三张扑克牌，排成一行。现在，我们已经知道：

（1）K右边的两张牌中至少有一张是A；

（2）A左边的两张牌中也有一张是A；

（3）方块左边的两张牌中至少有一张是红桃；

（4）红桃右边的两张牌中也有一张是红桃。

问：这三张是什么牌？

答案：这三张牌，从左到右依次为：红桃K、红桃A和方块A。先来确定左边的第一张牌。从前提（1）得知这张牌是K；从前提（4）得知这张牌是红桃；所以，这张牌是红桃K。再来确定右边的第一张牌。从前提（2）得知这张牌是A；从前提（3）得知这张牌是方块；所以，这张牌为方块A。最后，来确定当中的一张牌。从前提（2）得知，或者这张牌是 A，或者左边第一张是 A；又从前提（1）得知左边第一张是 K，所以，当中这张牌是 A。同理，从前提（4）得知，或者当中这张牌是红桃，或者右边第一张牌是红桃；但由前提（3）可知右边第一张是方块，这样，即可确定，当中这张牌是红桃。

游戏 40

如下图所示，8 张编了号的扑克牌面朝下放在桌上。这 8 张扑克牌中：

（1）至少有一张 Q；

（2）Q 位于两张 K 之间；

（3）至少有一张 K 位于两张 J 之间；

（4）J 和 Q 不相邻；

（5）有且只有一张 A；

（6）K 和 A 不相邻；

（7）至少有一张 K 和 K 相邻；

（8）每张牌是 AKQJ 中的一种。

哪张牌是 A？

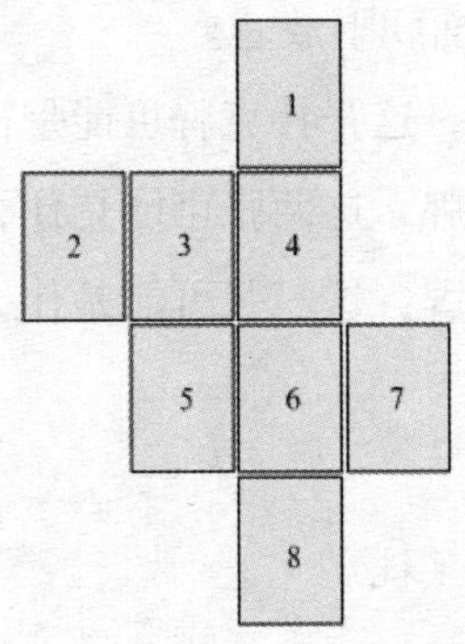

答案：如下图所示，牌 A 在 3 号位。

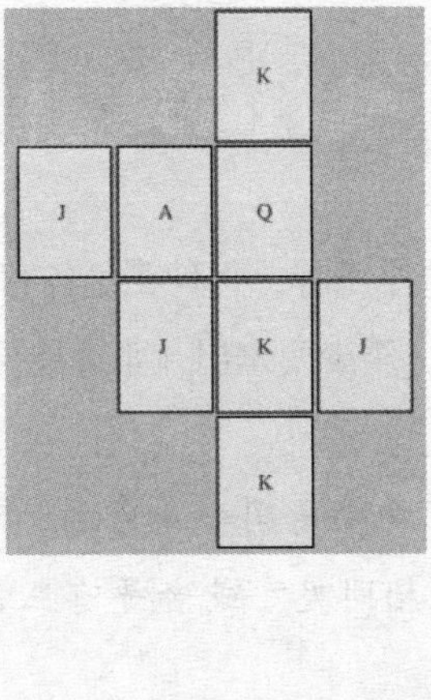

游戏 41

下图是 7 张写有数字的纸牌。甲、乙和丙 3 人各取两张。甲说："我的纸牌上的数字合计是 12。"乙说："我的纸牌上的数字合计是 10。"丙说："我的纸牌上的数字合计是 22。"那么，剩下的一张纸牌的数字是多少呢？

答案：剩下的纸牌数字为 12。只需把纸牌上的数字总和求出来，减去甲、乙、丙 3 人所取牌的数字总和，即得出剩下的一张纸牌上的数字。

游戏 42

有两张红桃和两张黑桃，正面朝下放着。

（1）如果随便从中抽出一张，这张扑克牌可能是什么样的扑克牌？

（2）如果从中抽出两张扑克牌，这两张可能是什么样的扑克牌？

（3）如果从中抽出三张扑克牌，这三张可能是什么样的扑克牌？

答案：

（1）可能是红桃，也可能是黑桃。

（2）可能是两张红桃或两张黑桃，也可能是一张红桃和一张黑桃。

（3）可能是两张红桃一张黑桃，也可能是两张黑桃一张红桃。

游戏 43

扑克牌有四种花色，除去大、小王牌，每种花色各有 13 张，一共是 52 张。现在要求你闭着眼睛，从这 52 张牌中拿一次，至少要拿出几张才能保证得到 4 张同一花色的牌呢？

答案：有人可能想，一次拿 4 张牌要是同一花色的，不就成功了吗！是啊，怎么那么巧呢？要是你拿的正好 4 张各不相同呢？或者是有三种花色的，两种花色的，这都是有可能的。题中说要“保证”得到 4 张同一花色的牌，就要从最坏的情况去考虑了。要是我们拿了 12 张牌，每种花色的各 3 张，这就是最坏的情况了。好了，只要我们再拿 1 张，不管是什么花色的，一定和拿出的 12 张中的 3 张，组成同一种花色的 4 张了。一次至少拿 13 张，就能保证得到 4 张同样花色的牌。

游戏 44

用红桃 A ~ K 的点数分别代表 1 ~ 13，用小王代表 14，大王代表 15，再用 10 张面朝下的牌（代表 0），共计 25 张牌，摆成一个 5 行 5 列方阵，使每一行、每一列、每一对角线上的明牌点数之和为 24。

答案：

游戏 45

用 4 张牌组成一个 2 行 2 列方阵，使得每一行上的两张牌的点数组成的两位数是一个完全平方数，每一列从上往下两张牌的点数组成的两位数也是一个完全平方数。你能摆出几个这样的方阵？

答案：

游戏 46

扑克除了平常的玩法外，它还是很好的数学游戏道具。现在请将一种花色的扑克选出来，A 至 K 分别表示着 1 ~ 13 点数。画出重叠的六个等圆，并将这十三张牌摆放在上面（如图所示），使每个圆上 4 张牌的点数都相等。其中 A（表示 1）、K（表示

13）两张牌已摆好，其余的由你来摆放。你能在十分钟内完成吗？

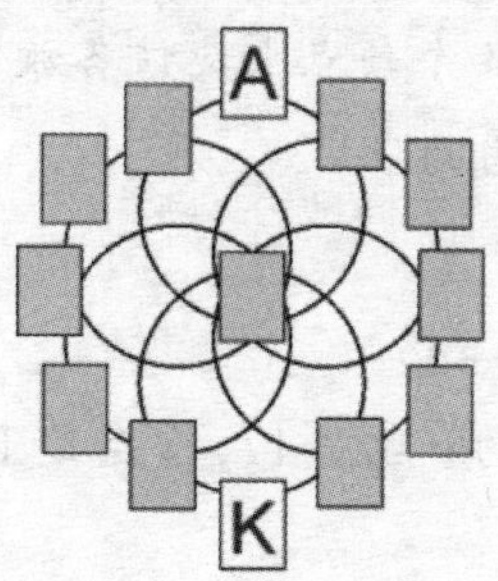

答案：

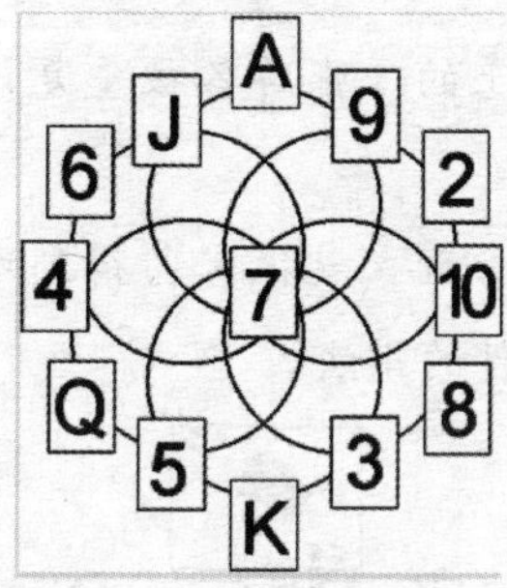

游戏 47

从一副扑克牌中抽出 9 张，使它们的点数分别是 A、2、3、4、5、6、7、8、9，其中的 A 看成 1 点。能不能把这 9 张牌排成一个三角形，使它的每条边上都有 4 张牌，并且这 4 张牌的点数之和都是 17？

答案：下图就是一种满足条件的排列方法。

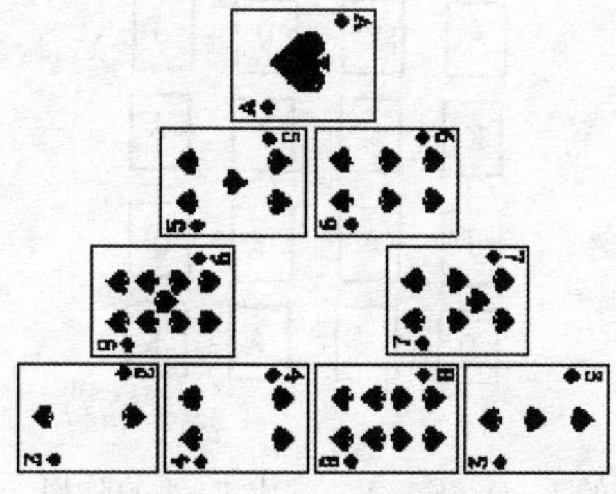

解答这个问题，不能全凭试验。做一点简单计算，可以大大加快解题速度。

三角形的每条边上有4张牌，3条边按理应该共有12张牌。实际上只用9张牌就要排出三角形，可见在三角形的3个顶点上应该各放一张，因为顶点上的牌在通过它的每条边上都计算一次，一张牌当两张用。

9张牌的点数相加，总和是：

1 +2 +3 +4 +5 +6 +7 +8 +9 =45。

而要使三角形每条边上各数的和都是17，3条边上数目的总和就应该是：

17 ×3 =51。

两个总和相减，得到：

51 −45 =6。

多出6点，是因为放在顶点上的3张牌各被重复计算一次，所以放在顶点位置的牌只能是A、2和3。

最后，把剩下的6张牌适当分配，就很容易得到所需要的排列方法，上图是其中的一种，下图是另外一种满足条件的排法。

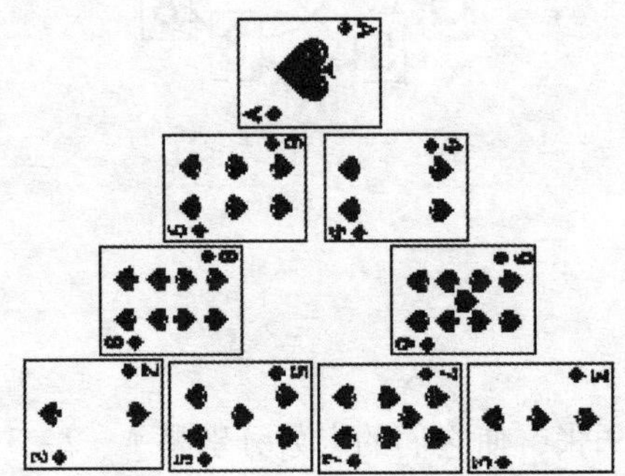

游戏48

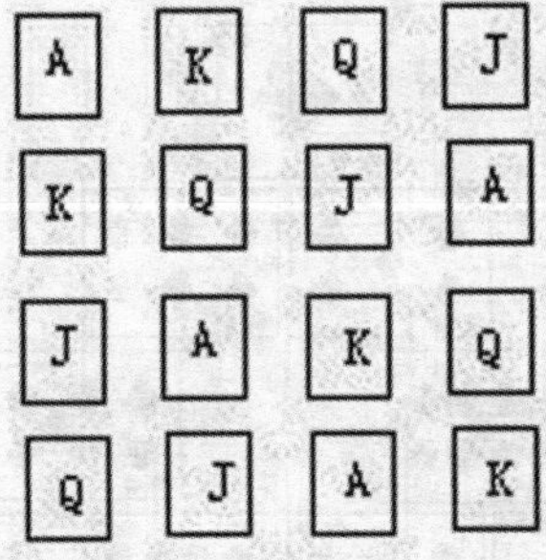

从扑克牌中挑出所有的J、Q、K、A，排成4 ×4 的阵列，而且每一行和每一列这4种牌只能出现一次。排法有许多，上图只是其中之一。

请找出一种排法，使对角线也和各行、各列一样，4 种牌只出现一次。

但真正的难题是找出一种排法，使每一条对角线、每一行和每一列都是由不同花色且不同大小的牌组成。总共有 72 种排法，快排排看！

答案：一种排法是：

Ah Kc Qd Js

Qs Jd Ac Kh

Jc Qh Ks Ad（s 代表黑桃，h 代表红桃，d 代表方块，c 代表梅花）它能满足所有条件。

这个谜题的历史相当悠久，在 18 世纪初的刊物中就有记载。著名的数学家欧拉(Euler) 曾提出一个 36 位军官的类似谜题，也就是 6 个不同军团各有 6 名军官。但这个谜题后来证明无解。如果你想试试另一个同类型而且有解的问题，请参考下例。

有 5 个车队 A、B、C、D、E 参加汽车大赛，每个车队又有 5 辆编号为 1、2、3、4、5 的汽车。所有的汽车在起跑区排成 5×5 的阵列。为了公平起见，这个阵列的每一行、每一列以及对角线都只能有一辆某个车队、某个编号的汽车。请找出车辆起跑适当的位置。

游戏 49

你和 3 个朋友一起玩扑克，现在轮到你发牌。依惯例按逆时针顺序发牌，第一张发给你的右手邻座，最后一张是你自己的。当你正在发牌时，手机响了，你接了一个电话。打完电话后，你忘了牌发到谁了。现在，不允许你数任何一堆已发的和未发的牌，但仍须把每个人应该发到的牌准确无误地发到他们手里。你能做到这一点吗?

答案：假设全副牌不包括大、小王，即总数为 52 张，则把未发的牌从最后一张开始由下往上发，第一张先发你自己，然后按顺时针顺序把牌发完即可。

游戏 50

如果有 9 张扑克牌，分别要装在 4 个塑料袋里，保证每个塑料袋里都有扑克牌，并且每个塑料袋里扑克牌张数都是单数，你能想出方法吗?

答案：可以在第一个塑料袋里放 1 张扑克牌，在第二个塑料袋里放 3 张扑克牌，在第三个塑料袋里放5张扑克牌，然后将装好扑克牌的这三个塑料袋一并放入第四个塑料袋里，这样就可以了。

游戏51

把红桃A～9这9张牌分为两组，第一组为x张，第二组为y张。经过适当排列，使得第一组x张牌的点数构成的x位数除以第二组y张牌的点数构成的y位数所得的商为3。

答案：以下两个图中，上一排各牌的点数组成的5位数与下一排各牌的点数组成的4位数相除所得的商等于3。

$17468 \div 5823 = 3$

$17468 \div 5823 = 3$

事实上，除了商等于3外，像这样分组并经过适当排列，使商等于2、4～9都有解，而且每一种情况并不唯一。有兴趣的读者不妨自己试一下，将解求出。

高 级

字母规律

游戏 1

每个图形中都有一个字母是多余的，你能找出来吗？

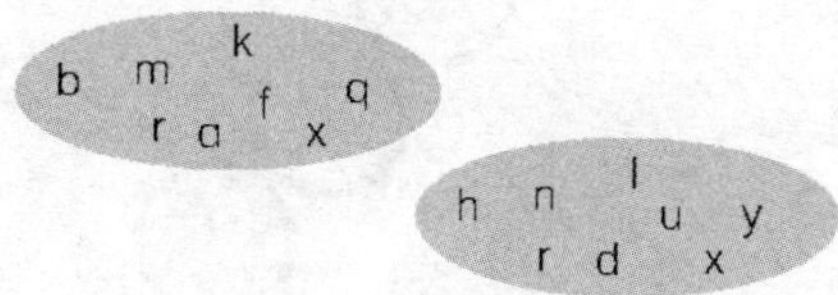

答案：a，u。将字母视为汉语拼音，只有 a，u 是韵母，其他均为声母。

游戏 2

每个圆圈里都有一个数字是多余的，你知道是哪一个吗？

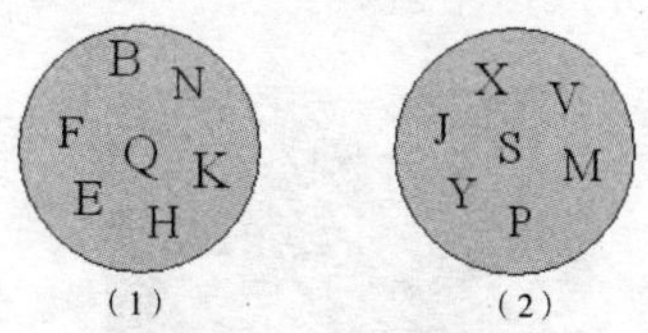

答案：(1) 为 F，(2) 为 X。字母按次序依次增加，且间隔两个字母。

游戏 3

哪一个字母组合是特殊的？

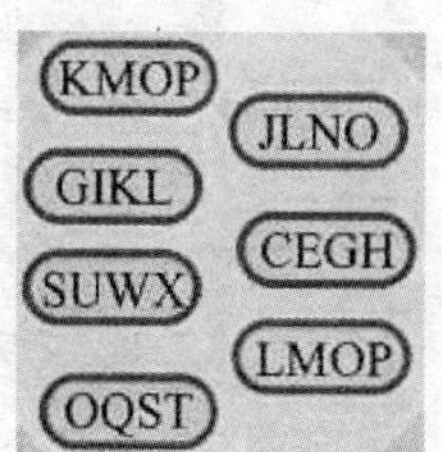

答案：LMOP。其他字母间的规律是：第一个字母跳过一个为第二个字母，第二个字母跳过一个为第三个字母，第三个字母与第四个字母是依字母表顺序排列的。

游戏4

哪个字母适合填在问号处可完成谜题？

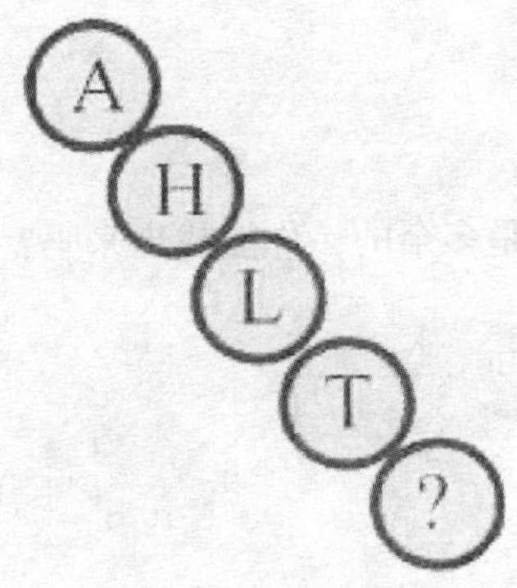

答案：X。图中列出的是拼写中只有直线组成字母中的间隔为2的字母。

游戏5

哪个字母能填在问号处，完成这个谜题？

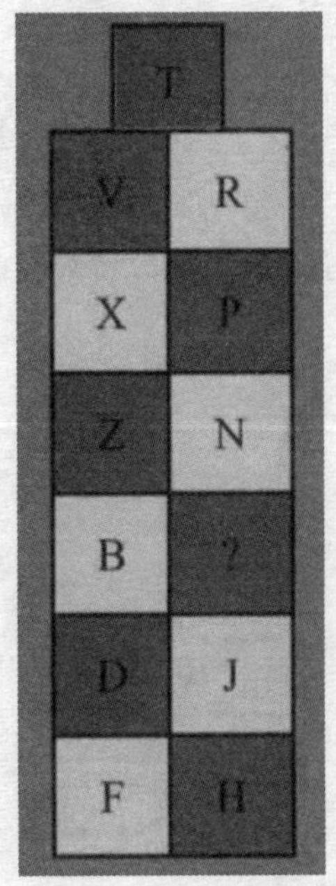

答案：L。从T开始，先沿左边向下，每个字母的位置号加2即为下一个字母的位置号；从T开始，沿右边向下，每个字母的位置号减2，即为下一个字母的位置号。

游戏6

哪个字母能填在问号处完成下面的序列？

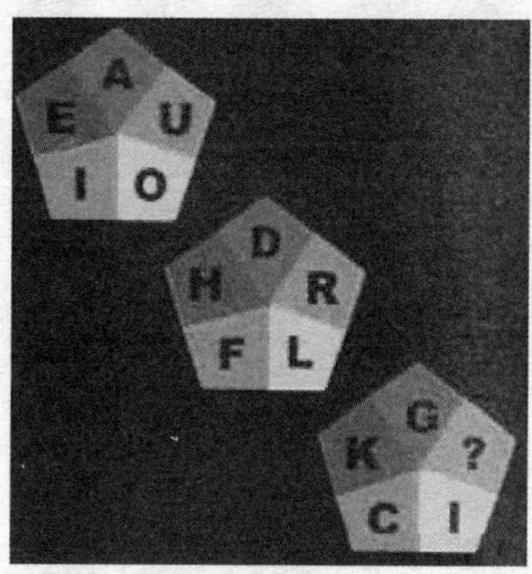

答案：三个图中处于同一位置的字母之间遵循下列规律：按字母表顺序，依次向前移动两个位置，或按字母表顺序依次向后退两个位置。

游戏7

问号处应为什么字母？

答案：U。每两个字母之间，都间隔三个字母。

游戏8

问号处应为什么字母？

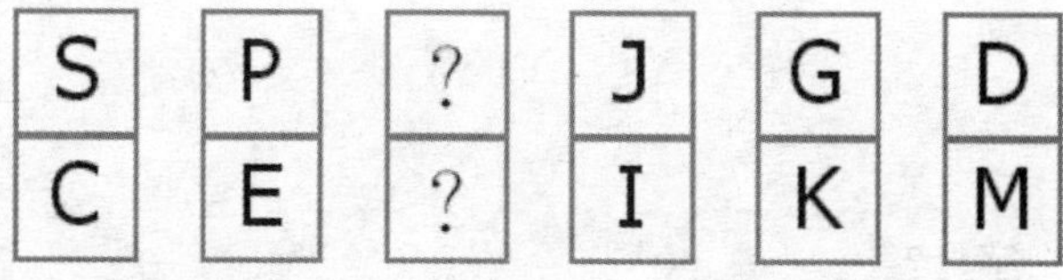

答案：M G 第一行递减 2 个字母，第二行递增 1 个字母。

游戏 9

问号处应是什么字母？

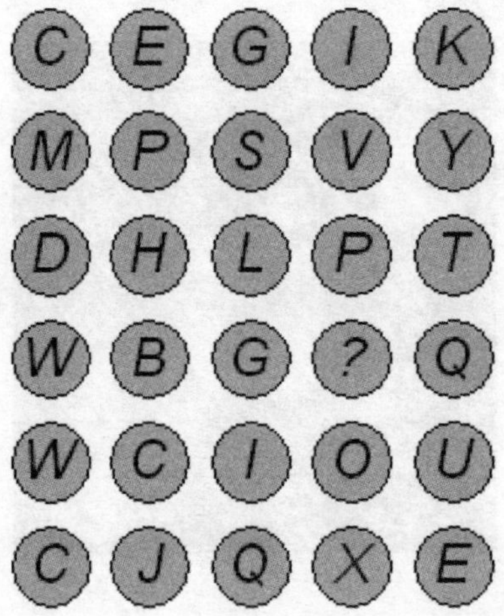

答案：L。第一行每两个字母之间间隔一个字母，第二行每两个字母之间间隔两个字母，第三行每两个字母之间间隔三个字母……依此类推。

游戏 10

问号处应为什么字母？

答案：Z。对角间隔 4 个字母。

游戏 11

问号处应为什么字母？

答案：K。从 C 开始，顺时针间隔 1 个字母。

游戏 12

在最后的五角星中填充适当的字母。

答案：K。每个图形中，字母按照字母表顺序顺时针方向移动，由左至右，第一个图形中字母每次分别前移 3 位、第二个移 4 位，第三个移 2 位。

游戏 13

什么字母填在问号处能完成这个谜题？

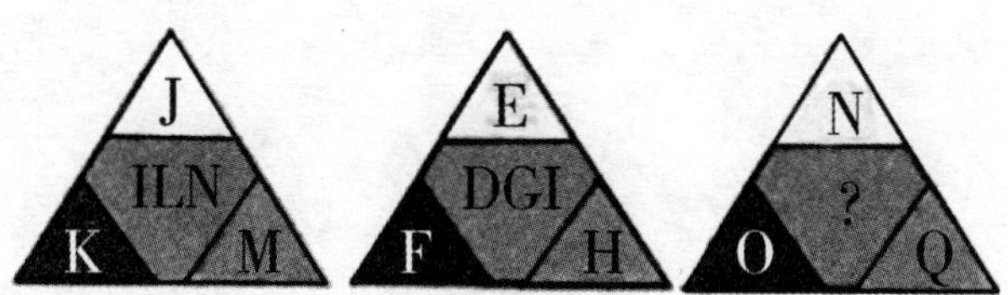

答案：MPR。中间的连续字母分别是三角形顶角字母的前一位，以及左下角和右下角字母的后一位。

游戏 14

问号处应为什么字母？

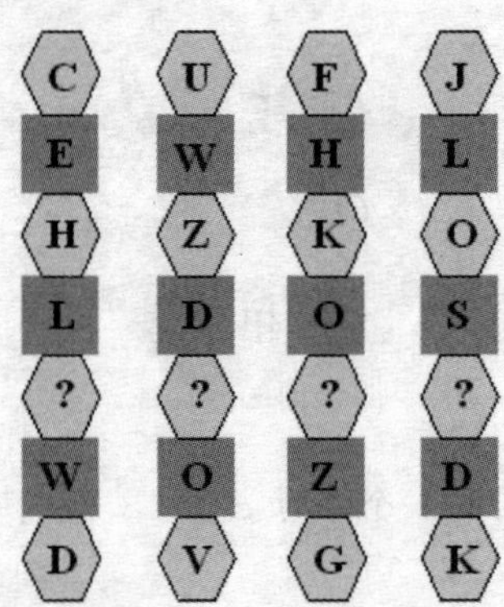

答案：从左到右依次是Q、I、F、T。纵向依次间隔1、2、3、4个字母。

游戏15

问号处应为什么字母？

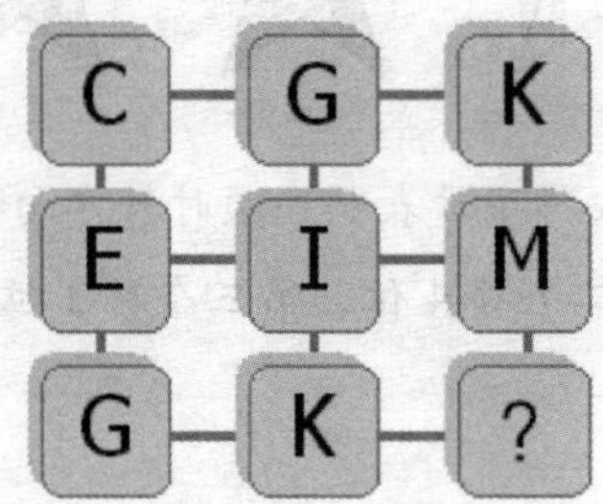

答案：O。横向间隔3个字母，纵向间隔1个字母。

游戏16

问号处应为什么字母？

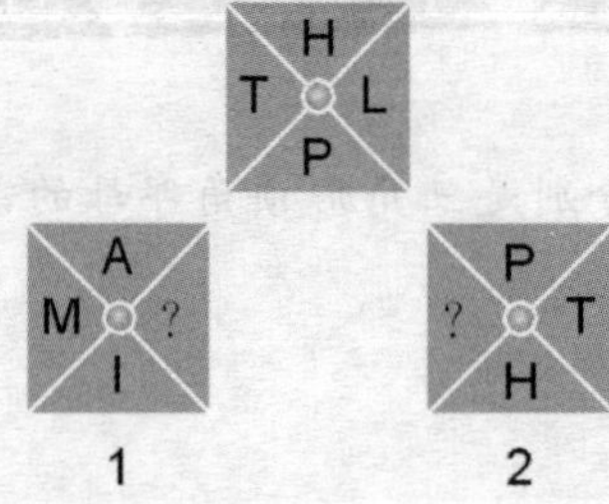

答案：1. E，2. L。逆时针方向依次增4个字母。

游戏 17

问号处应为什么字母？

答案：B。从左到右，每列两个字母之间的间隔字母个数分别为 2、4、6、8。

游戏 18

问号处应为什么字母？

答案：W。横行两个字母之间间隔 5 个字母。

游戏 19

问号处应为什么字母？

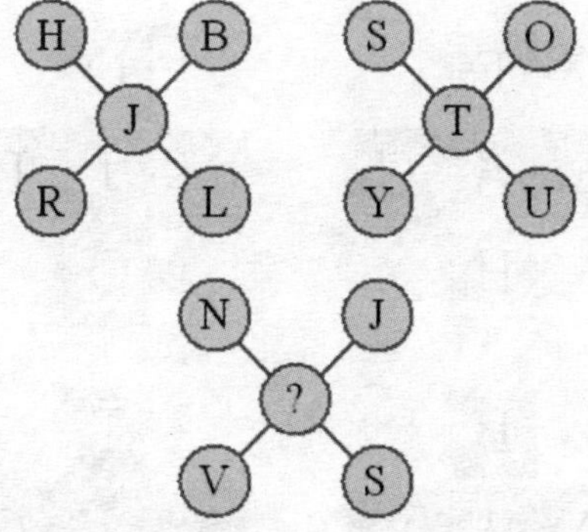

答案：P。左上到右下依次间隔一个字母，图形中央字母恰好位于右上和左下字母的中间位置。

游戏 20

问号处应为什么字母？

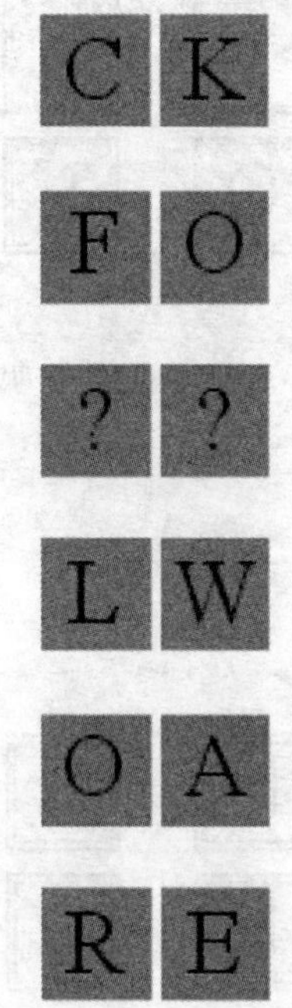

答案：I，S。左边一列从上到下间隔 2 个字母，右边一列从上到下间隔 3 个字母。

游戏 21

问号处应为什么字母？

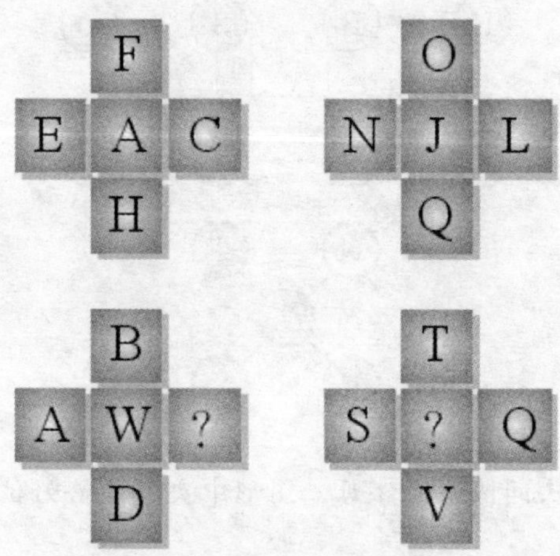

答案：Y和O。从中间的字母入手，外围的字母上下左右分别间隔4、6、3、1个字母。

游戏22

问号处应为什么字母？

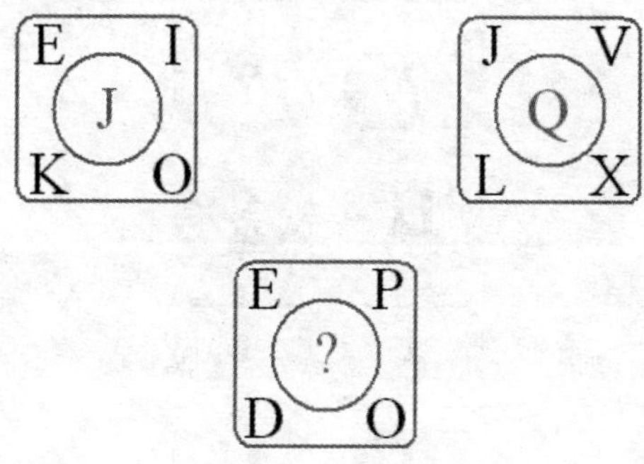

答案：J。图形中间字母的位置位于两对对角线的中间位置。

游戏23

问号处应为什么字母？

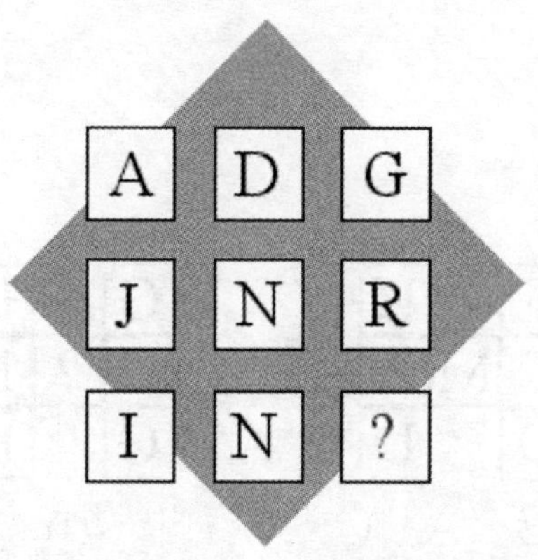

答案：S。观察字母的间隔规律：第一行间隔2个字母，第二行间隔3个字母，第三行间隔4个字母。

游戏24

问号处应为什么字母？

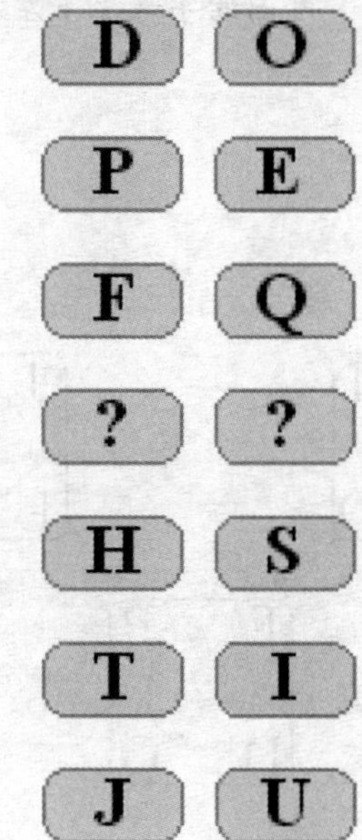

答案：R和G。第一行第一个字母为D，第二行第二个字母为E；第一行第二个字母为O，第二行第一个字母为P。由此，可观察出这种特殊的对应关系。再观察第四、第五、第六行，也是这种对应关系。因此，可以很容易推知，方框内缺失的字母是R和G。

游戏25

问号处应为什么字母？

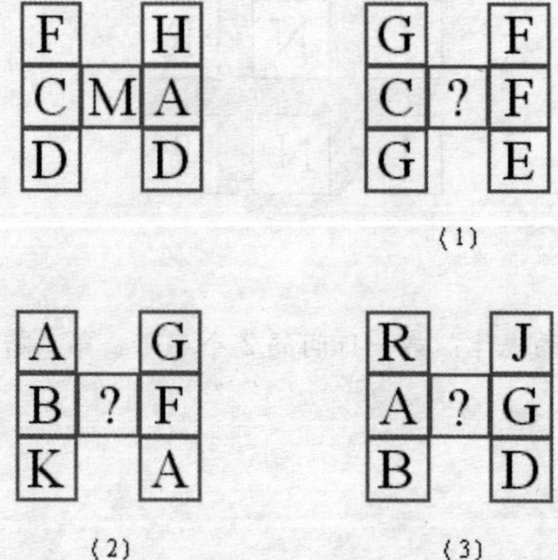

答案：(1) Q，(2) N，(3) U。此题并非考查字母间隔问题，而是把从A到Z的26

个字母编上序号，每个字母代表其序号数，纵向三个字母之和相等，且恰好等于中间字母的序号。

游戏 26

问号处应为什么字母？

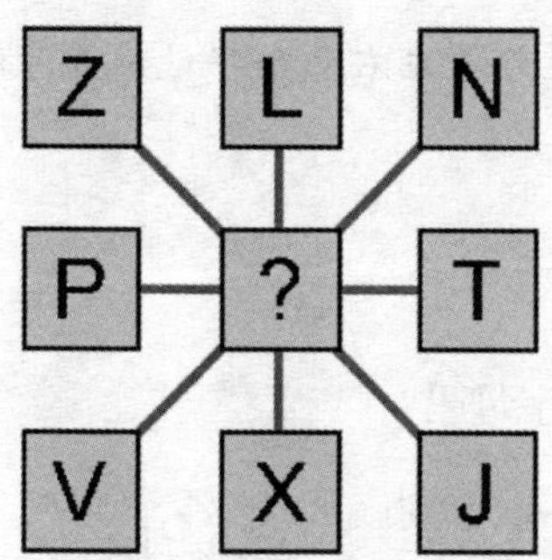

答案：L。设 A = 1，B = 2，…，Z = 26，相互连接的三个数，边上的两个数字和除以 3 得中间数字代表的字母。

游戏 27

填什么字母能延续这个序列？

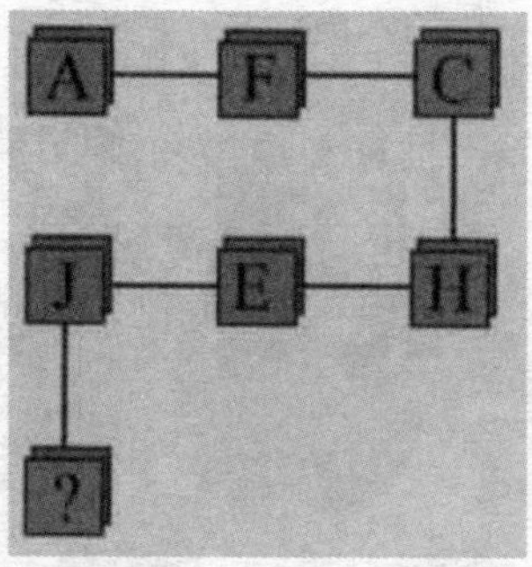

答案：G。字母之间的关系是：按字母表顺序，先向前移动 5 个字母，再退回 3 个字母，反复进行。

游戏 28

哪个字母能填在问号处完成谜题？

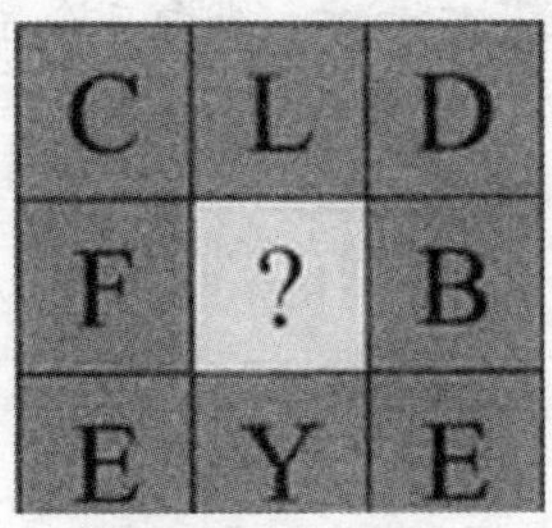

答案：L。每行中心字母的位置号是左右两个字母位置号的乘积。

游戏 29

你能推算除问号处缺失的字母吗？

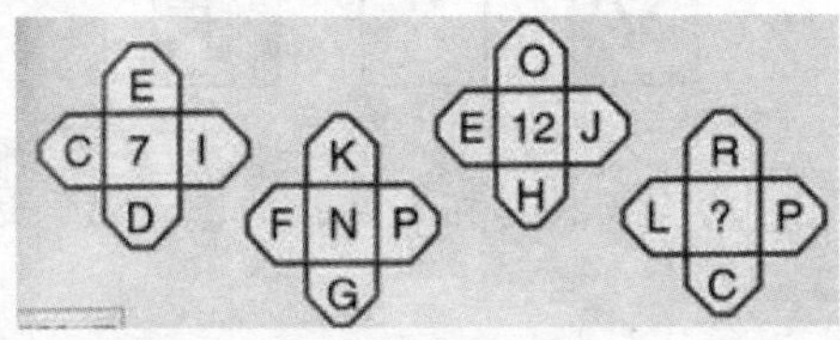

答案：S。根据 26 个英文字母的位次数，用上面的字母值与右面的字母值之和，减去左面的字母值与下面的字母值之和，得数即为中间的数字或者中间字母的数值。

游戏 30

参照图中 A 和 B 的对应关系，推算 C 应该和哪一项是对应的？

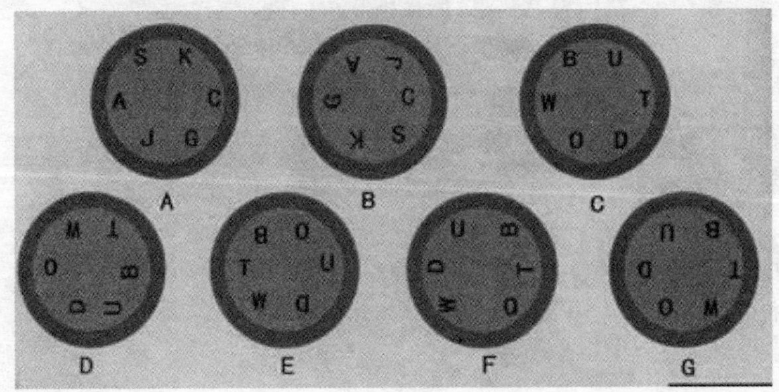

答案：D。仅有曲线的字母不变，既有曲线又有直线的字母旋转 90 度，仅有直线的字母旋转 180 度。

游戏 31

请将 A、B、C、D 分别填在空格里，要求不论横行竖行、斜行都要有这四个字母，且不重复。

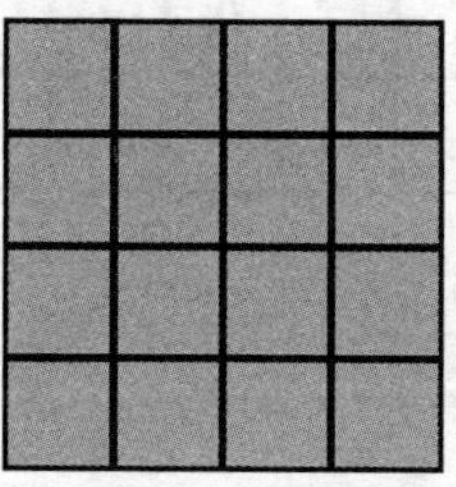

答案：

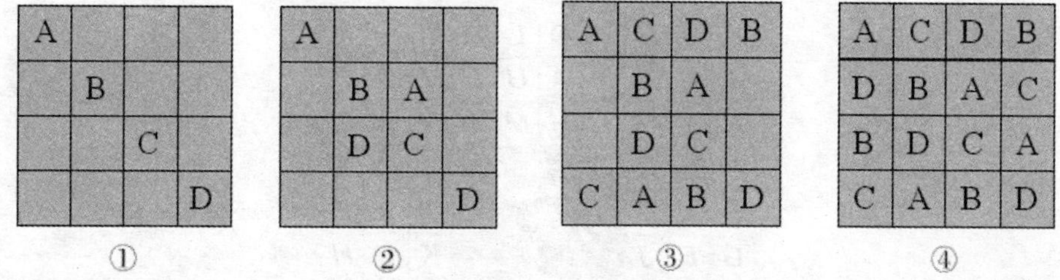

①

A			
	B		
		C	
			D

②

A			
	B	A	
	D	C	
			D

③

A	C	D	B
	B	A	
	D	C	
C	A	B	D

④

A	C	D	B
D	B	A	C
B	D	C	A
C	A	B	D

游戏 32

在要组成的这个表格中，每一行与每一列都要有字母 A、B、C 和两个空白方格。图中格子周围的字母，表示箭头所指的该行或该列中的第一个或第二个字母。你能将格子填完整吗？

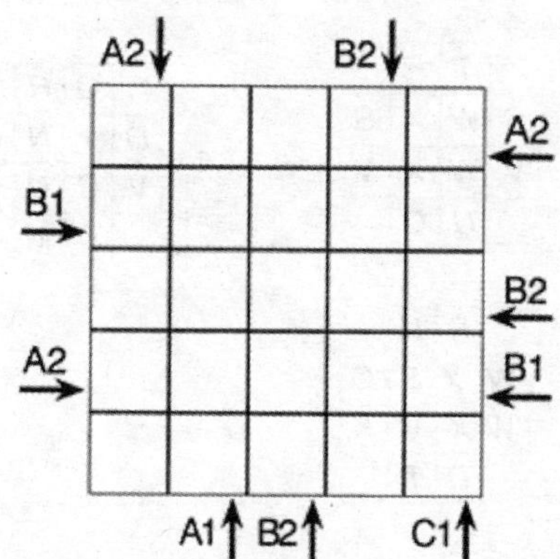

答案：

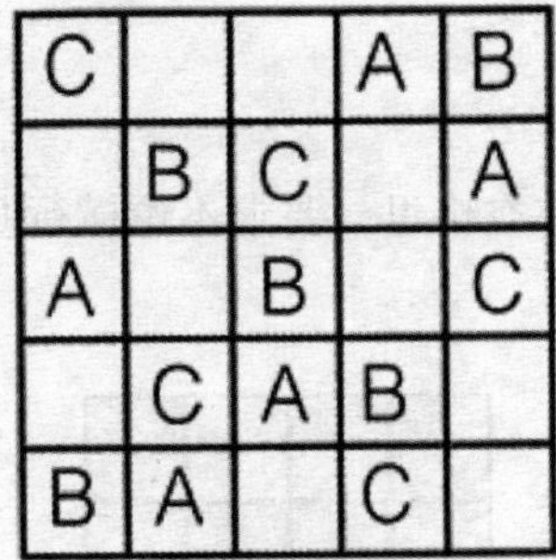

C			A	B
	B	C		A
A		B		C
	C	A	B	
B	A		C	

游戏 33

问号处应为什么字母？

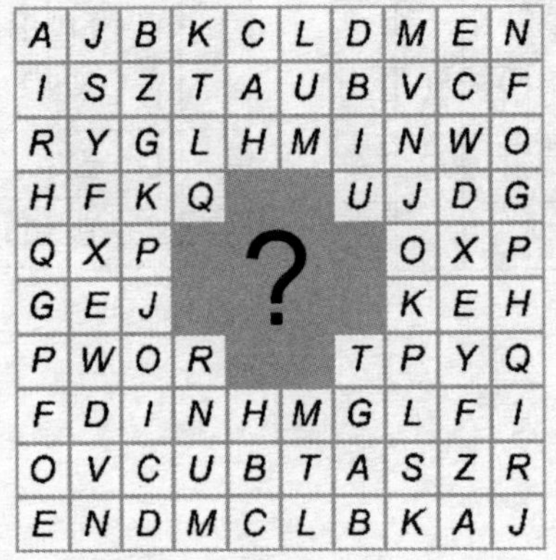

（1）

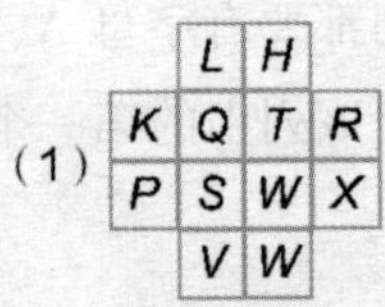

（2）

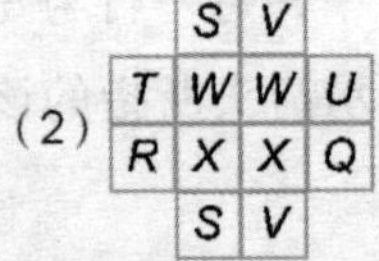

（3）

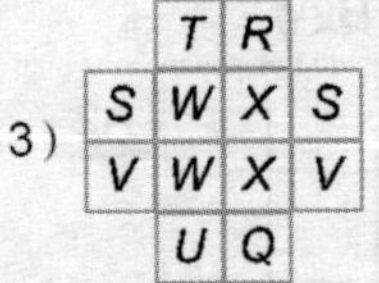

（4）

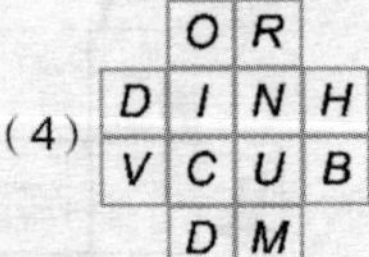

（5）

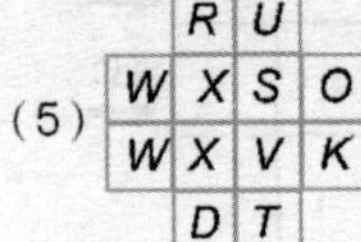

答案：(3)。从左上角开始按顺时针方向，每次间隔一个格子，数到最后即可得出结果。

游戏 34

问号处应为什么字母？

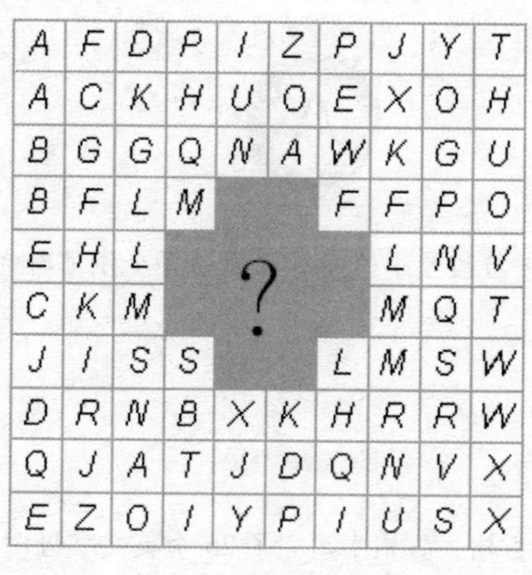

A	F	D	P	I	Z	P	J	Y	T
A	C	K	H	U	O	E	X	O	H
B	G	G	Q	N	A	W	K	G	U
B	F	L	M			F	F	P	O
E	H	L		?			L	N	V
C	K	M					M	Q	T
J	I	S	S			L	M	S	W
D	R	N	B	X	K	H	R	R	W
Q	J	A	T	J	D	Q	N	V	X
E	Z	O	I	Y	P	I	U	S	X

（1）

	M	V	
H	L	R	U
K	M	T	W
	S	C	

（2）

	M	S	
H	R	R	W
T	V	N	Q
	U	S	

（3）

	Q	F	
B	F	L	M
E	H	L	R
	K	M	

（4）

	V	V	
R	U	B	E
T	W	D	G
	C	C	

（5）

	E	G	
C	D	B	V
C	W	U	V
	R	T	

答案：(4)。从表格的左上角看起：A 为第一个英文字母；斜线排列的 A 和 F 间隔 4 个字母；下一行成斜线的字母是 B、C、D，不仅是在本行中接连出现，而且与隔行的 A 顺序上连贯；再下一行的 B、G、K、P，分别间隔 4 个、3 个、4 个字母；再下一行又是接连出现，且隔行连贯出现……依此类推。

游戏 35

每个战地特工都需要一个字母和数字作为代码，以便与指挥中心联系，代码中缺少的两个数字是什么？

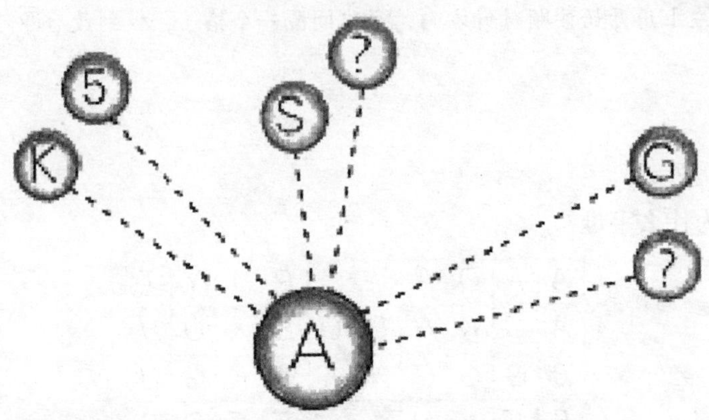

答案：10和4。在字母A与问号中的字母之间的那个字母所代表的数字，即是要求的数字。

游戏36

下图是一个5×5的方格，方格中写完了26个英文字母中的前25个，还有最后一个字母Z没写出来。

请仔细观察右图中的字母颜色规律，想想如果再写出字母Z时，Z应该是写成黑色还是白色?

答案：字母Z应该是白色的。因为所有的白色字母都是一笔写完，其余的黑色字母就不能一笔写完了。

数字规律

游戏 1

请找出下面 9 个数字中与众不同的数字。

答案：特别的数字是 11。规律是：其他数字都能被 7 整除，只有 11 不能。

游戏 2

下面哪一个数是特殊的？

答案：19。两个数位上的数字之和为 10。其他的为 11。

游戏 3

问号处应填什么数？

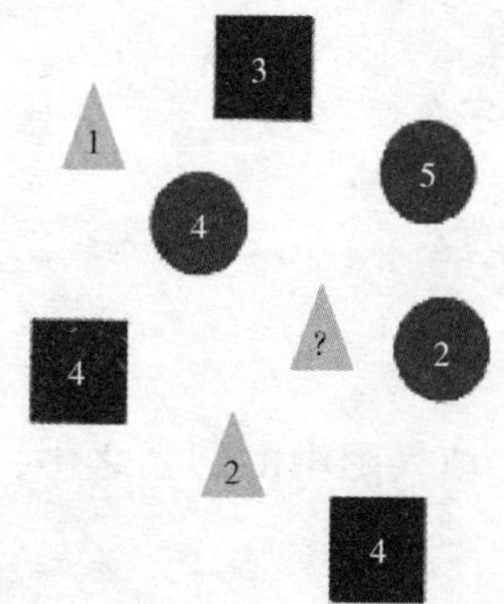

答案：8。图中相同形状的图形中的数字之和是11。

游戏4

请将数阵中的5个数去掉，使每横行、竖列的和相等。有趣的是，去掉的5个数之和也与之相等。请问，应该去掉哪5个数字？

2	6	4	9	5
7	1	8	5	4
6	9	3	2	4
2	6	5	1	8
5	4	3	8	3

答案：应去掉第1行的6，第2行的5，第3行的4，第4行的2，第5行中间的3。

游戏5

请将数阵中的A换成一个数，使每一个小正方形上的四个数之和都能相等。
你知道这个数是几吗？

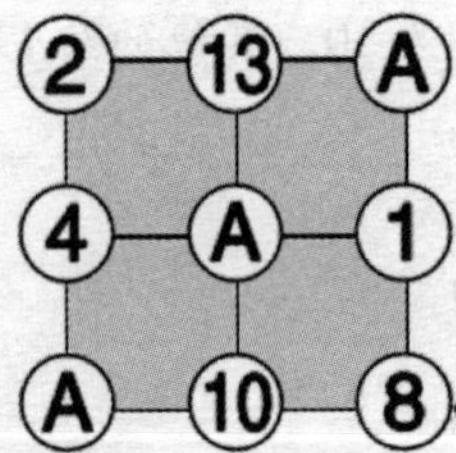

答案：图中的字母“A”代表数字5。

游戏6

请将数学符号“+ - × ÷”填入图中的圆圈之中，使每一横排和竖列的数字经过运算之后，会出现同样的结果。

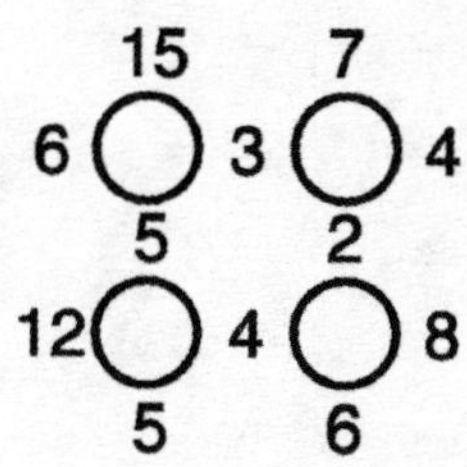

答案：如图所示，经过运算后，横排与竖列的结果都等于8。

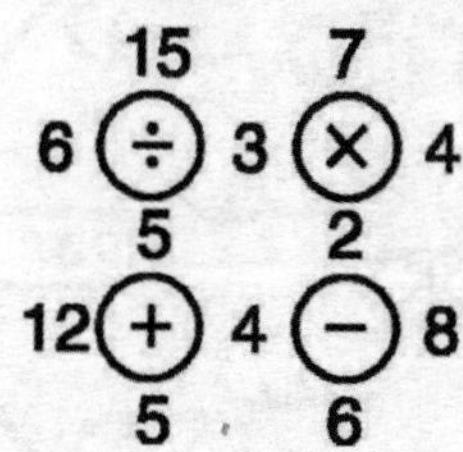

游戏 7

你能求出下面房顶上缺少的数字吗？窗户和门上的每一个数字都只能用一次，并且数字的顺序不能颠倒。用心观察一下即可发现。

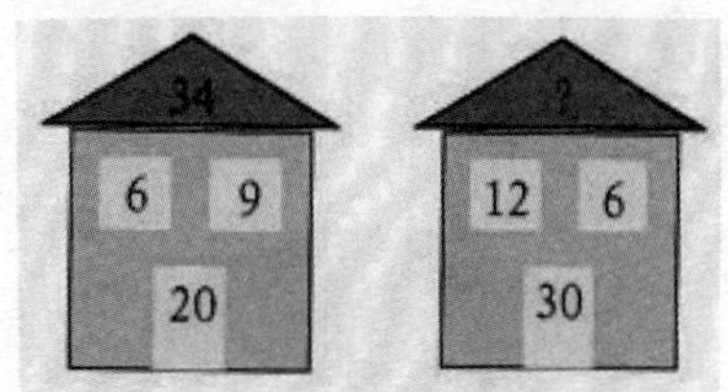

答案：42。左边窗户乘以右边窗户后再减去门。很多数字游戏是数列问题的图形化、游戏化，需要用抽象思维找到答案。

游戏 8

你能求出第二座房子顶上缺少的数字吗？窗户和门上的数字只能用一次，并且数字的位置不能颠倒。

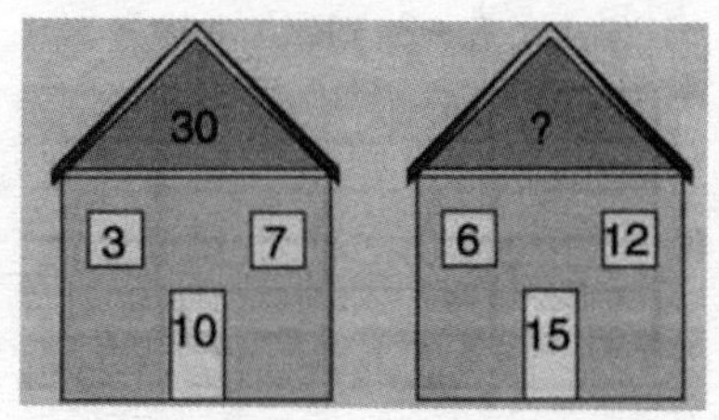

答案：93。右窗的平方－左窗的平方－门

游戏9

下面哪个数字是特殊的？

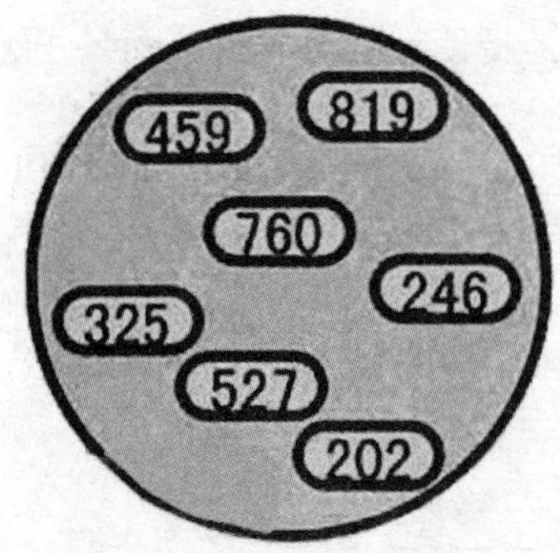

答案：760。其余数字前两个数位上的数字之和等于第三个数位上的数字。

游戏10

这个圆中哪个数是特殊的？

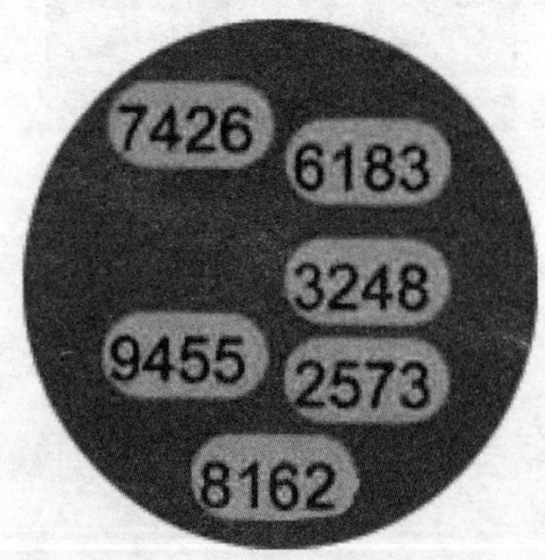

答案：2573。其他每组四位数中的第一个和最后一个数字相乘，结果即为中间的两位数。例：7426 中 $7\times6=42$；6183 中，$6\times3=18$。

游戏11

哪一个数字是特殊的？

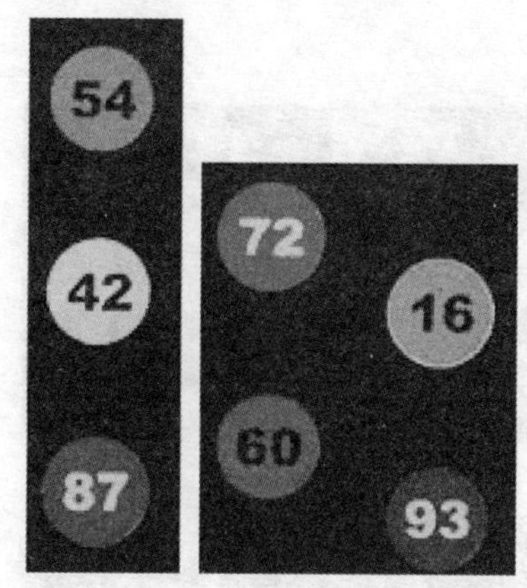

答案：16。其他数字中，十位数上的数字都比个位数上的数字大。

游戏 12

每一道直线上五个数字相加之和为 20，哪个数字能代替图中的问号？

5	2		2	5
1		?		1
5	8	4		3
	2	2	2	8
3	2	2	10	3

4 A	1 B
3 C	6 D
5 E	2 F

答案：D。

游戏 13

在图格中填入数字，使之在横竖方向的计算表达式都能成立。

	×		=	6
+	■	+	■	÷
	-		=	
=	■	=	■	=
8	-		=	

答案：下图是其中一种解决方案。

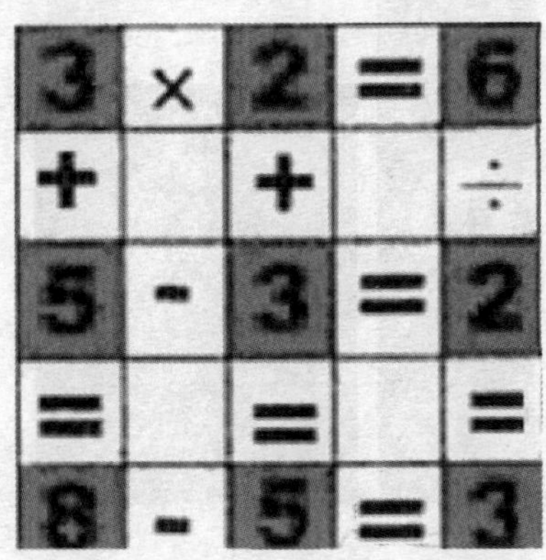

游戏 14

每个空白方格中都包含 1 到 9 中不同的一个数字。正如我们通常的计算方式一样，每个算式是按照从上到下，从左到右的顺序计算的。而不是按照先乘除后加减的运算规则。你能把空白的方格填完整吗？

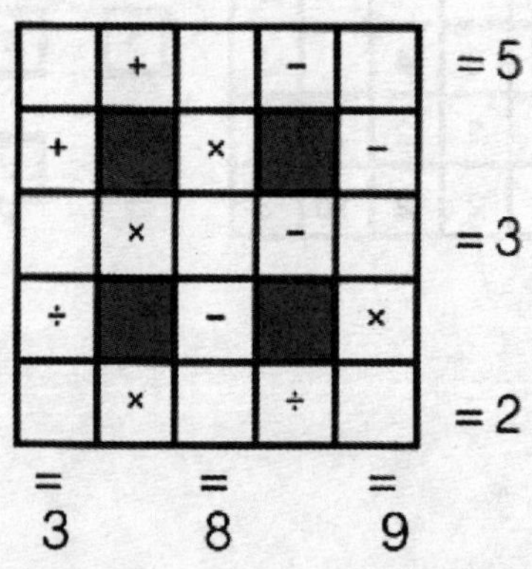

答案：

8	+	2	−	5	=	5
+		x		−		
1	x	7	−	4	=	3
÷		−		x		
3	x	6	÷	9	=	2
=		=		=		
3		8		9		

游戏 15

根据各行各列的规律，完成谜题。

4	5	1
2	?	5
4	2	4

答案：3。每行、每列数字之和都是 10。

游戏 16

填什么数能完成谜题？

7	8	9
4	6	8
1	?	7

答案：4。每行每列的三个数字中，中间的数字是两端数字之和除以 2 的结果。

游戏 17

相当简单的一道题，在问号的位置上填上合适的数字就可以完成了，就当热身一下吧。

9			
3	4		
1	5	16	
?	14	7	23

答案：竖的和全是23，所以是10。

游戏18

想一想，问号中该填上什么数字？

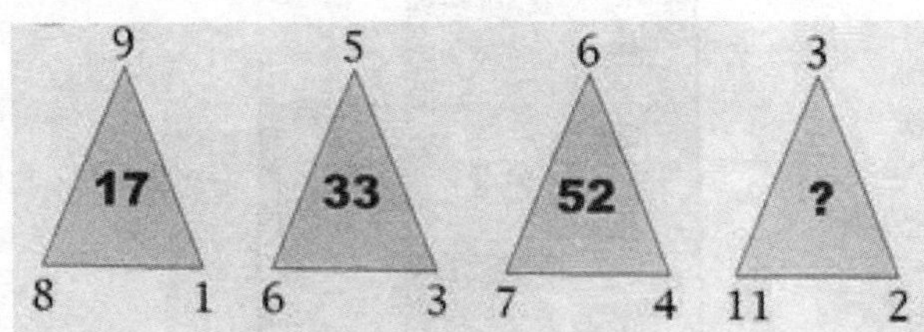

答案：28。规律是（3+11）×2=28。

游戏19

你能推算出可以替换三角形中问号的数字吗？

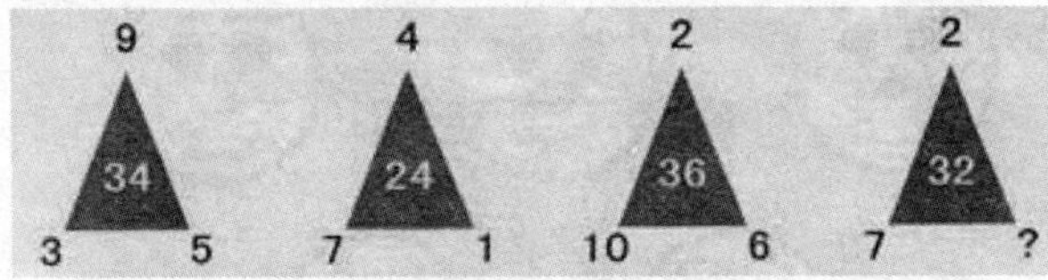

答案：7。每个三角形三个角上的数字相加，再乘以2，得数即为三角形里面的数字。

游戏20

这个图表是按照某种逻辑构建的，你能用一个数字来替换图表中的问号吗？

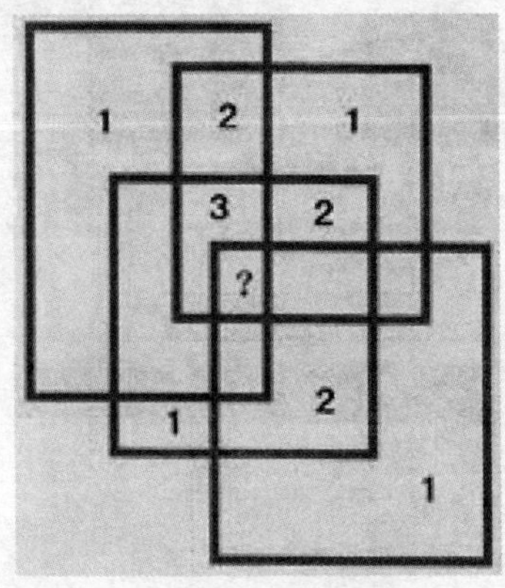

答案：4。图中的数字表示该处图形的重叠数字。

游戏 21

利用下面图形中的所有数字组成一个算式，使其等于 12。

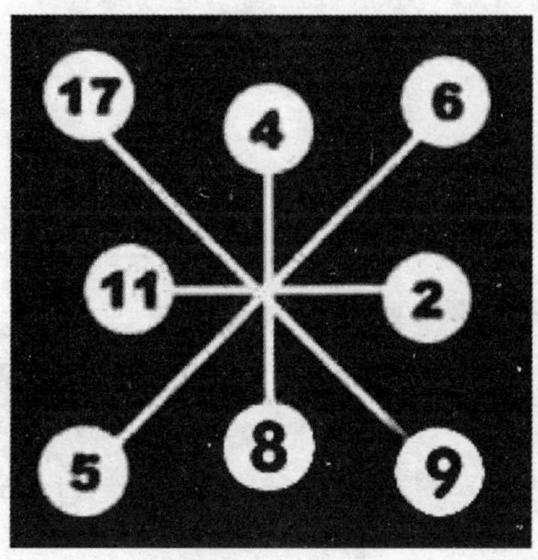

答案：如：17 +6 +5 +9 – （11 +2 +4 +8） =12。

游戏 22

哪两个数字可以使图示的数列得以延续？

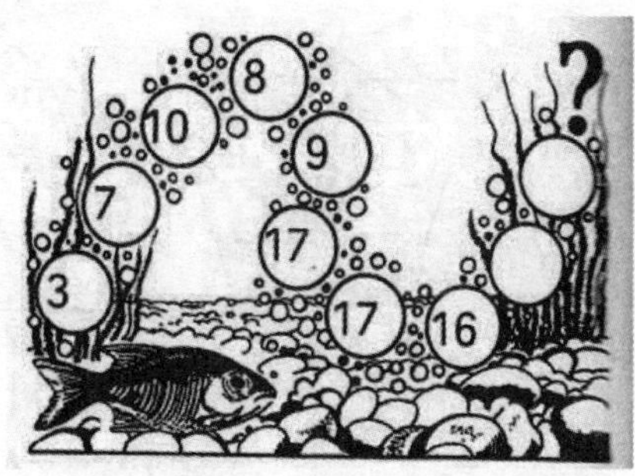

答案：15、13。每一个新的数是前面两个圆中的数字之和，两位数的数字分开看即可。

游戏 23

下一个是什么数？

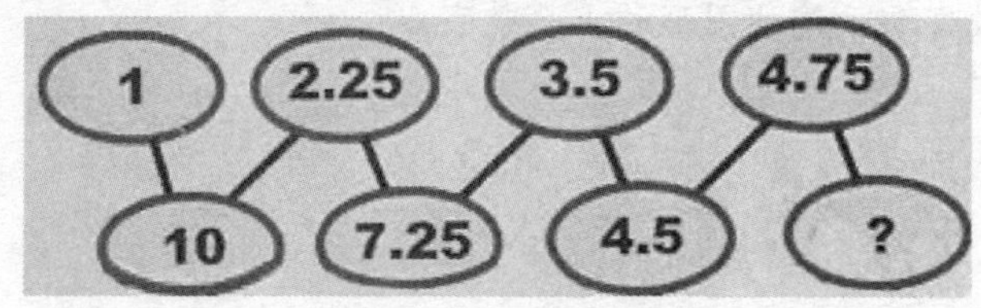

答案：1.75。上一排数字依次加1.25，下一排数字依次减2.75。

游戏24

根据规律，问号处应该填什么数？

答案：2。（54+16）/（18+17）=2，（90+9）/（19+14）=3，（55+35）/（26+19）=2。

游戏25

填什么数能完成谜题？

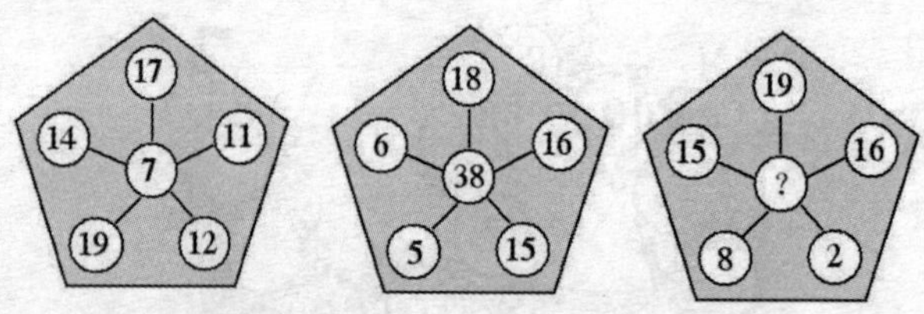

答案：14。

（17+11+12）-（14+19）=7

（18+16+15）-（6+5）=38

（19+16+2）-（15+8）=14

游戏26

5个位于图形中的数字排列成哑铃状。你能算出最后那个图形中缺少什么数字吗？

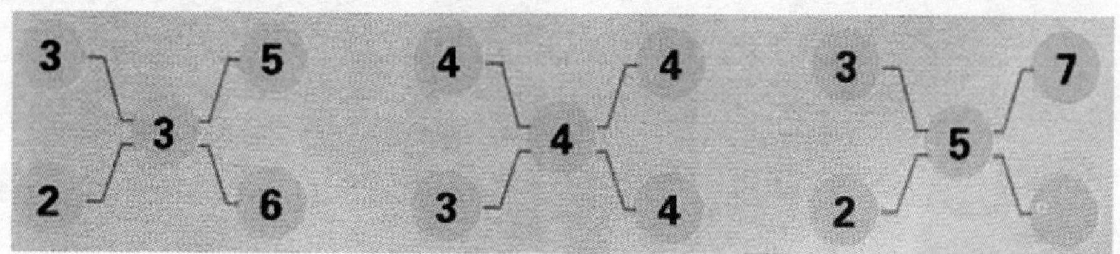

答案：8。在每个图形中，中间的数字等于上面 2 个数字的乘积减去下面 2 个数字的乘积。

游戏 27

你能将数字 1～14 填到下图的七角星圆圈中，使得每条直线上数字之和为 30 吗？

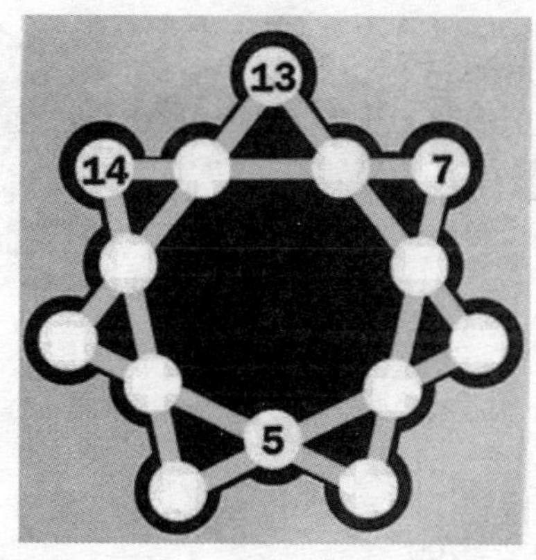

答案：

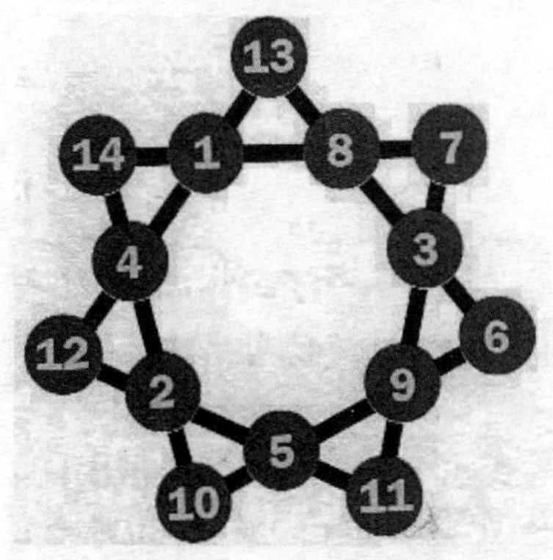

游戏 28

问号处应填什么数？

5	4	12
6	2	5
3	8	?

答案：14。每行中，最左边和中心的数字各减1，然后将得到的两个数字相乘，结果即为右边的数字。

游戏29

问号处应填什么数?

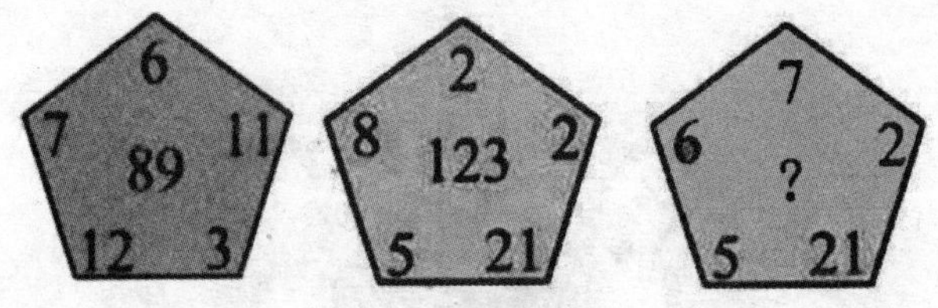

答案：100。

(6×7) +（12×3） +11 = 89

(8×2) +（5×21） +2 = 123

(6×7) +（14×4） +2 = 100

游戏30

问号处应填什么数?

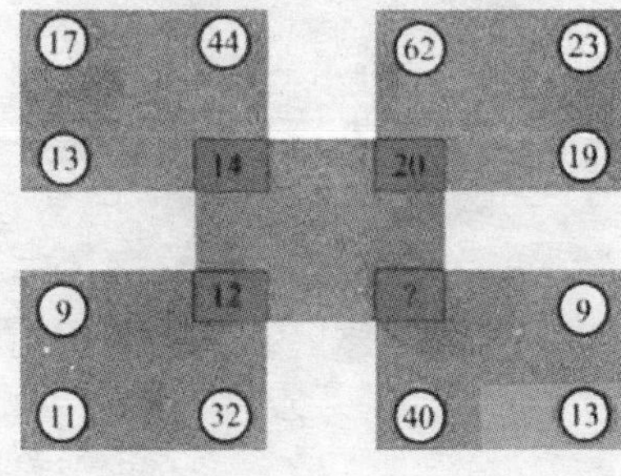

答案：18。每个方框中最大的偶数减去其余两个奇数，结果即为重叠部分的数字。

游戏 31

三个图形的规律是一样的，最后一个图里少了什么数？

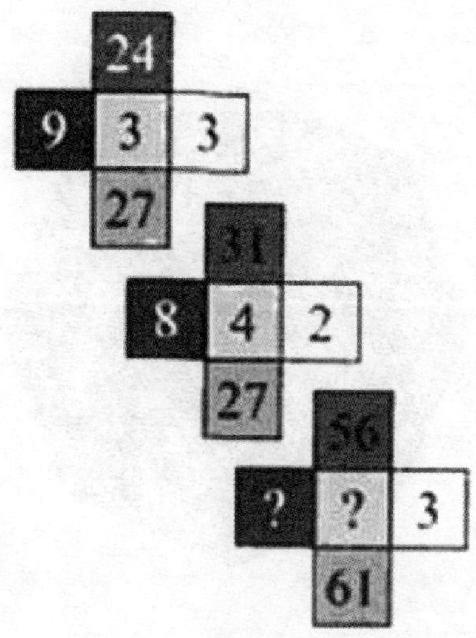

答案：15 和 5。中间数为上下两数之差，左侧的数为右侧与中间数之积。

游戏 32

找出所给数字之间的关系，将问号处的数字补充完整。

8	6	5	3	6
5	1	5	2	4
3	5	0	1	2
1	6	5	1	2
?	?	?	?	?

答案：18500。第一行数字 - 第二行数字 = 第三行数字，其余依此类推。35012 - 16512 = 18500。

游戏33

这张图中的数字之间有一种神秘的内在规律，你能看出来吗？而空白处该填什么数字呢？

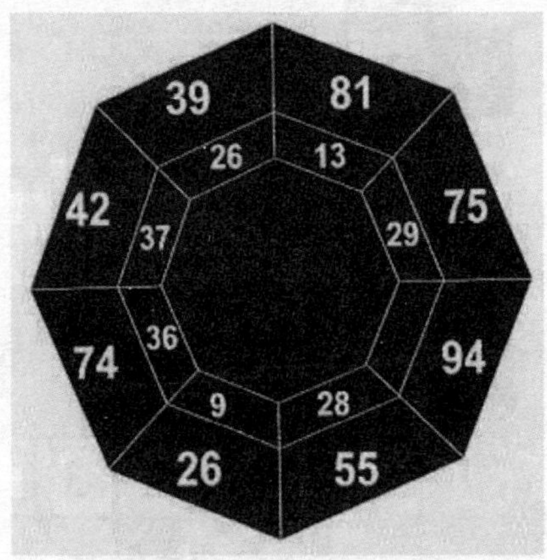

答案：9。把外环中的每个数字都看做1个两位数，并把个位数与十位数相乘，再把所得结果加上1，填在对面的内环位置上。

游戏34

将编号从1到16的数字填入游戏纸板的16个方格内，使得每一行、每一列以及2条对角线上的和相等，且和（即魔数）为34。

答案：解法很多，图示一种。

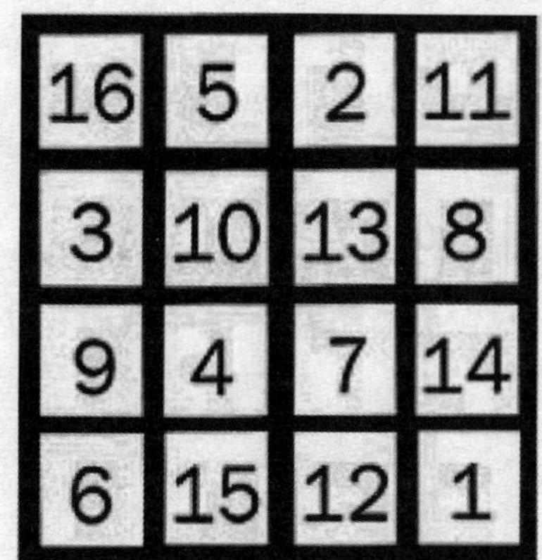

16	5	2	11
3	10	13	8
9	4	7	14
6	15	12	1

图形规律

游戏 1

请寻找下图中的规律，然后找出哪一个图形与众不同？

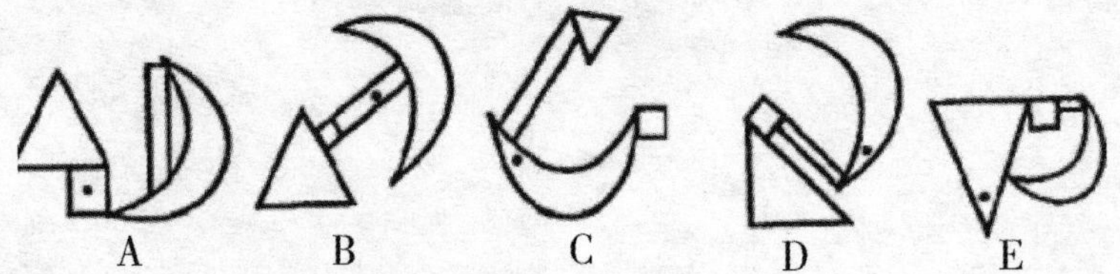

答案：图形 C 是唯一正方形与三角形不接触的图形。

游戏 2

对称有上下对称、左右对称和旋转对称，但在下面 4 组图案中，只有一组与其他三组都不对称，请找出不对称的一组。

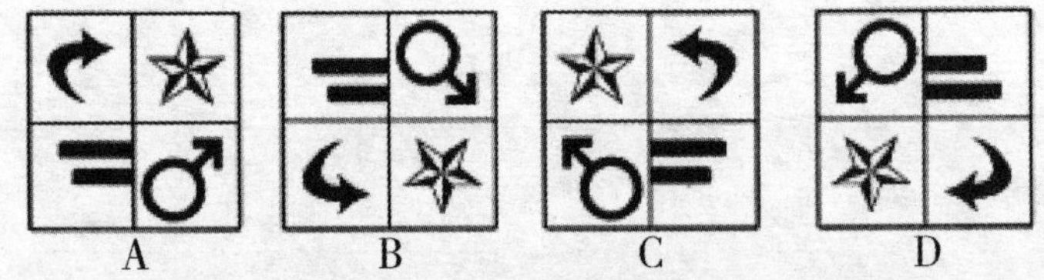

答案：不对称图案是 B。把 ABCD 重新排列一下就可以清楚地看出来。

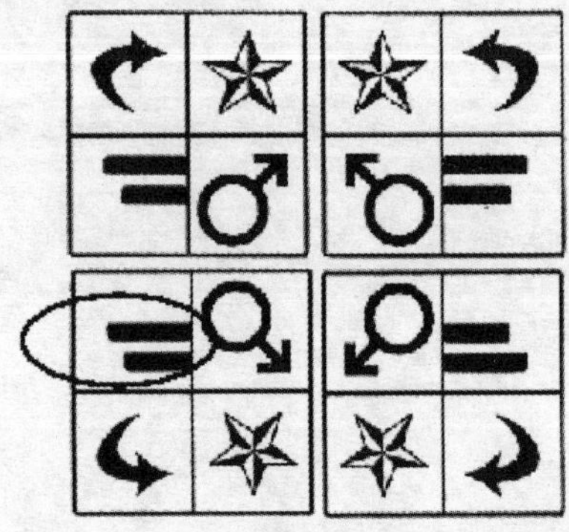

游戏 3

仔细地观察下面几个图形，回答问题。

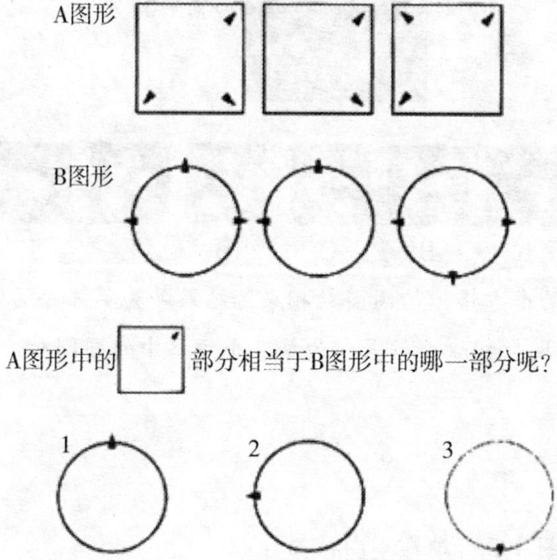

答案：2 是正确答案。在两组图形中，每组里的图形都包含共同出现的箭头。

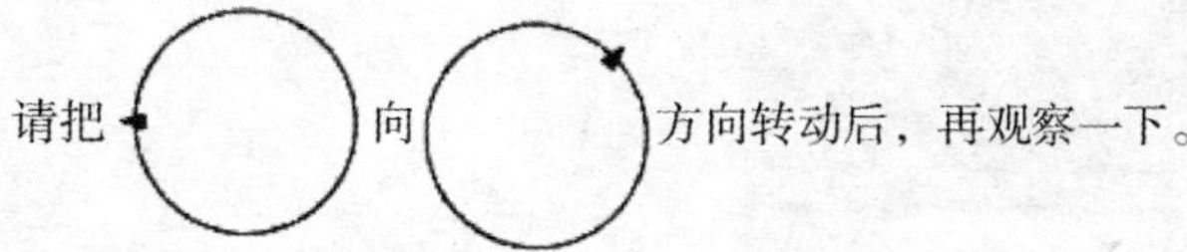

用形象思维仔细观察，用类比进行想象，这是找到答案的关键。

游戏 4

在下面的图形中，哪一个与其他的不同？

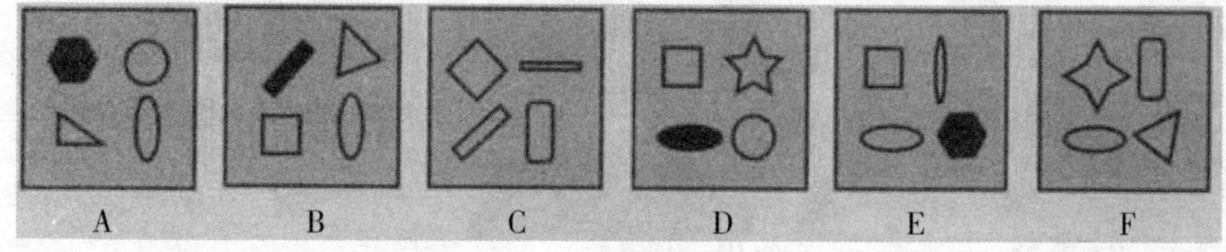

答案：A，只有 A 中包含不对称图形。

游戏 5

A～F 六个图格，哪个最适合填在空处？

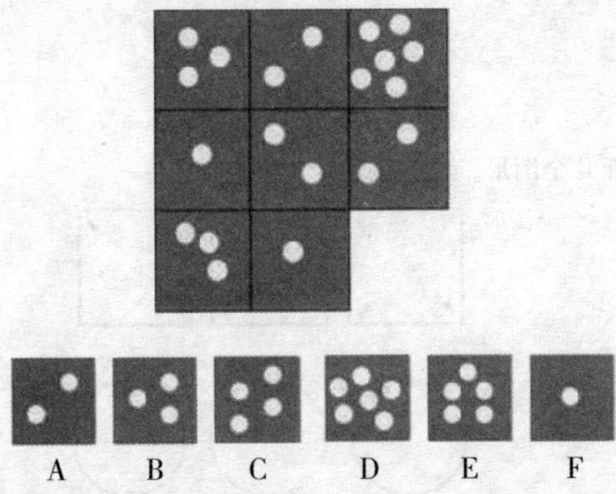

答案：B。每行中前两个方格中的圆圈数相乘，结果即为第三个方格中的圆圈数；每列中前两个方格中的圆圈数相除，结果即为第三个方格中的圆圈数。

游戏 6

A ~ D 中，哪块图片适合填在空白处？

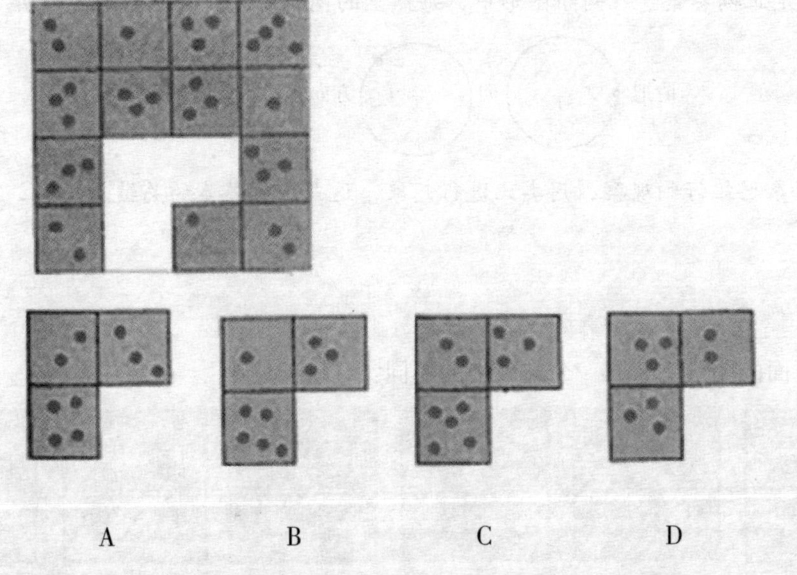

答案：B。每行、每列都一共包含 10 个圆点。

游戏 7

缺失的符号是哪个？

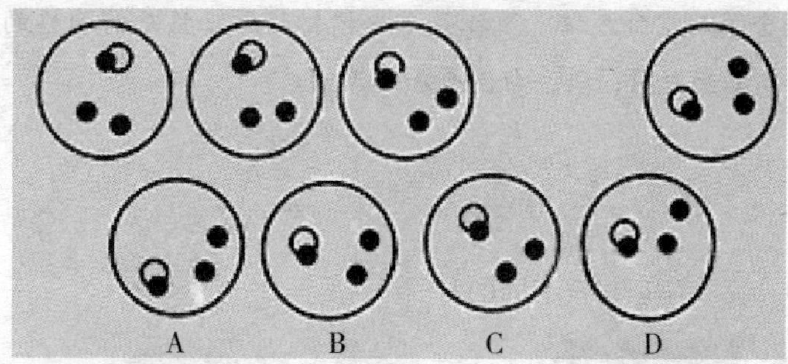

答案：B。里面的图形每次按逆时针方向旋转30度。

游戏8

哪串棋子是特殊的？

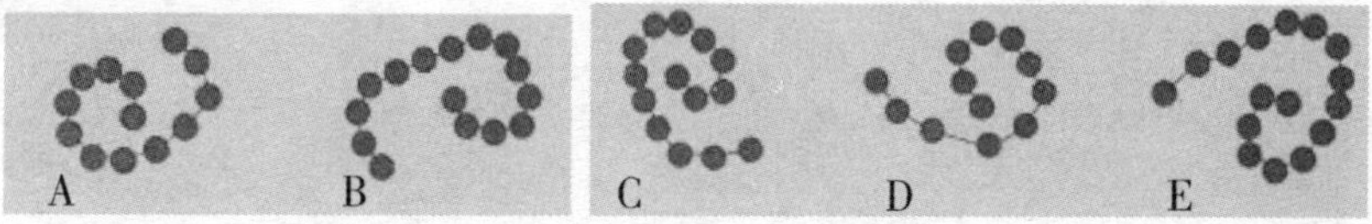

答案：D。只有D是从外向内沿逆时针方向旋转的。其他的是从外向内沿顺时针方向旋转。

游戏9

仔细观察下面方格图形的每一横排和每一竖排，寻找其中的规律，然后按照这一规律，从下列A、B、C、D、E、F图中找出合适的图形填入上面图形中的空白方格。请问应该选择哪一个图形？

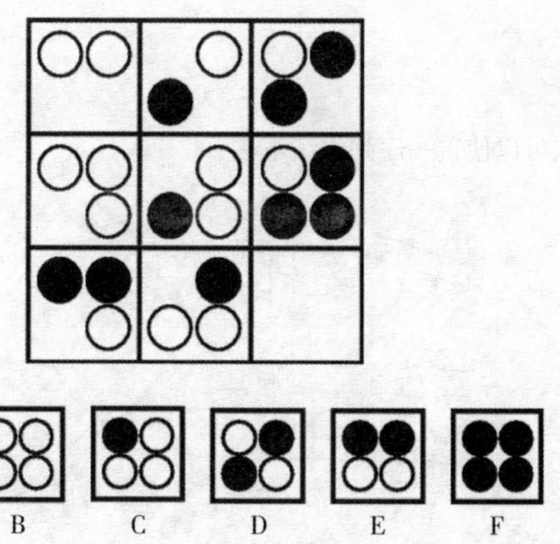

答案：图形A适合填入空白方格。规律是每一横排的第三格是前两格的叠加，叠加规律是：两格黑圈叠加变白圈；两个白圈叠加变黑圈。

游戏10

下面各图中，哪一项是与众不同的？

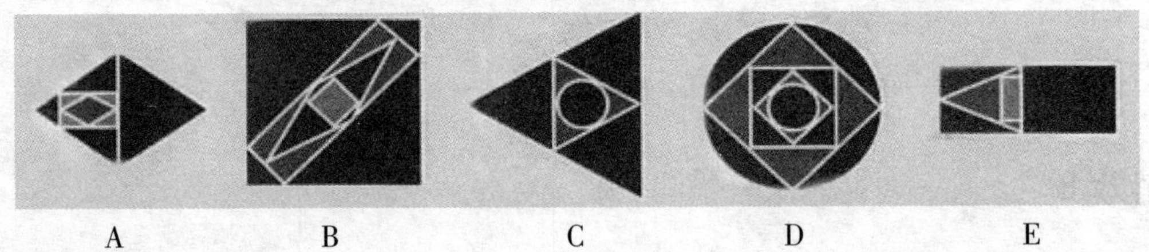

答案：C。在其他各项图案组合中，最大的图形和最小的图形是相同形状的。

游戏11

你能看出下面的图案组合中，哪一组是与众不同的吗？

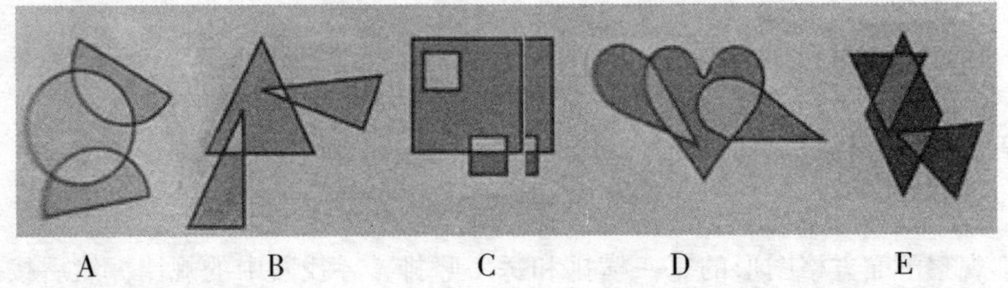

答案：C。在其他图案组合中，两个小图案拼在一起，恰好等于大图案的面积。

游戏12

哪一个选项可以使这一序列继续下去？

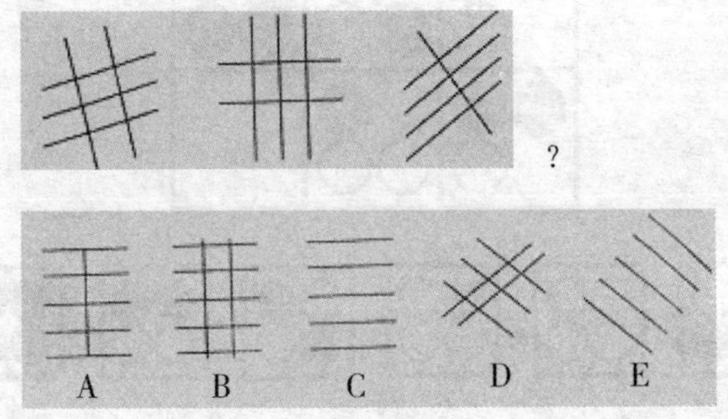

答案：C。图形在旋转过程中，每次从一行中抽掉一根直线，加到另一行上去。

游戏 13

A ~ F 六个图形中，哪个能延续这个图形序列？

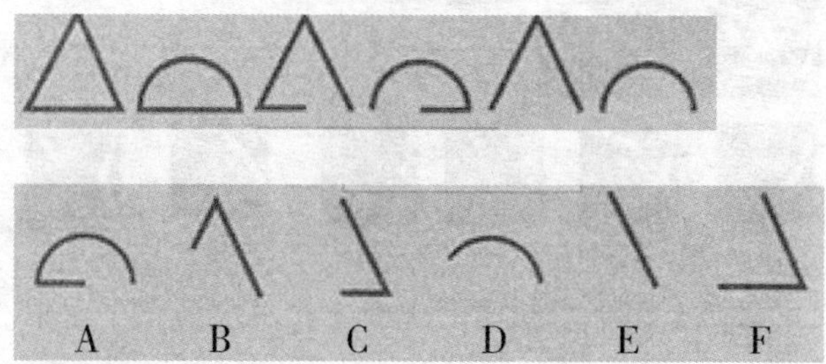

答案：B。两种图形分别变化，每次比前一次消失一部分。

游戏 14

下列图形哪一个和其他的不属于同一系列？

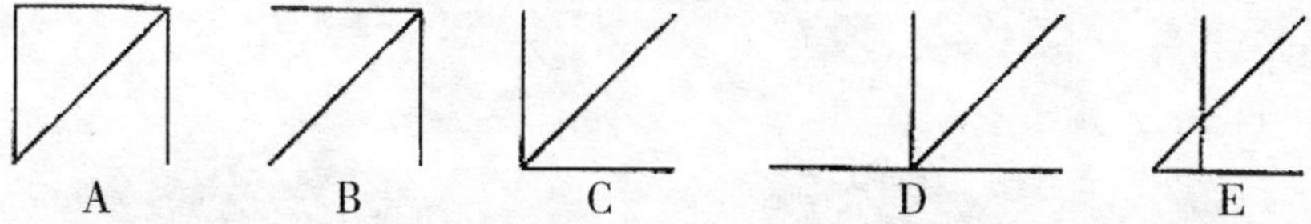

答案：E。其他的都是由两种形状组成的。

游戏 15

下图中的哪一幅图与其他的图不相称。

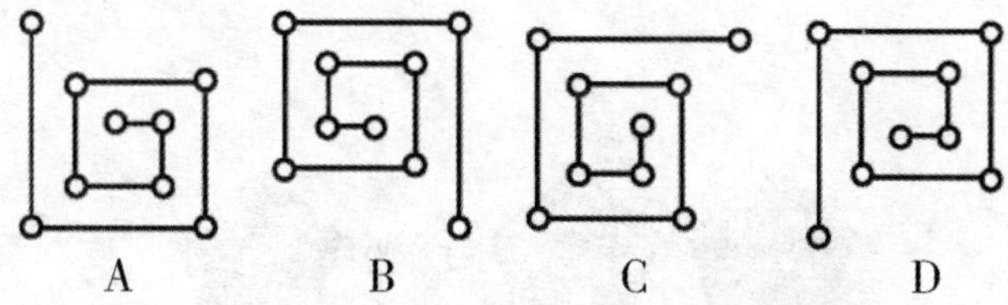

答案：D。因为 A、B、C 三个图形都是由逆时针折线组成的，而 D 则是由顺时针折线组成的。

游戏 16

A ~ F 六个图格中，哪个适合填在空白处？

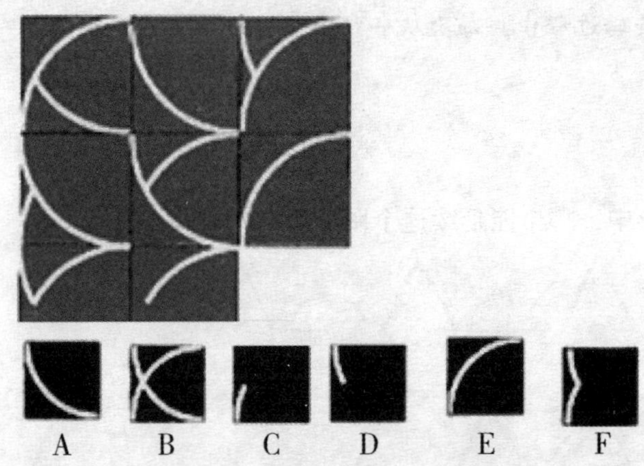

答案：D。每行每列中前两个图形中相同的部分不出现在第三个图中。

游戏 17

这一序列缺少了哪一部分？

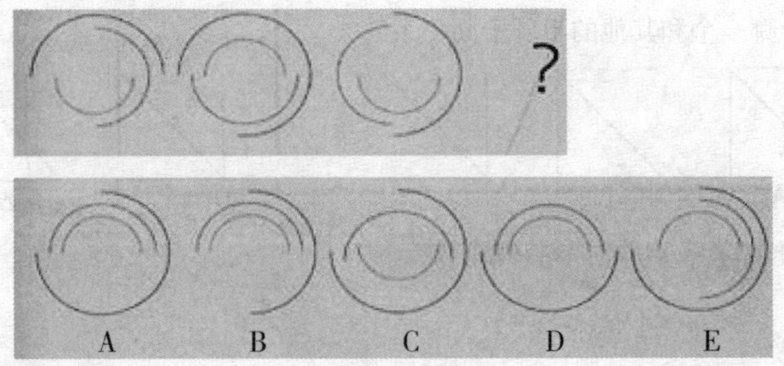

答案：A。顺时针旋转。

游戏 18

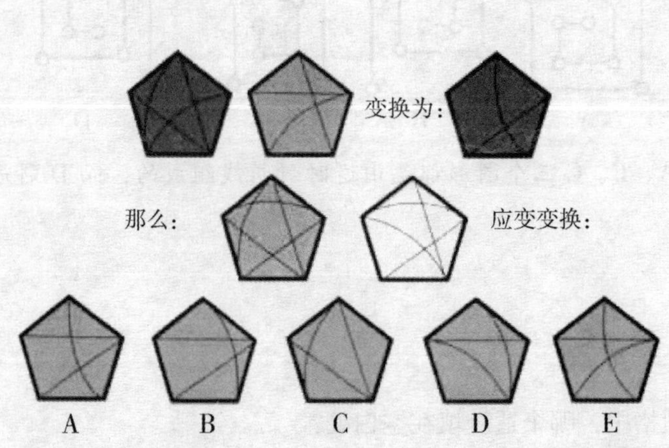

答案：E。前两个图中出现在同一位置的线被带入第三个图中，但直线变成了曲线，曲线变成了直线。

游戏 19

A～D 中哪一个选项可以填充在这个格子中空着的正方形。

答案：B。六个符号沿第一列向下移动，然后呈螺旋状向格子中间移动。

游戏 20

请仔细寻找下图中的规律，然后找出图中右下角的“？”处应该配上哪一个图形？

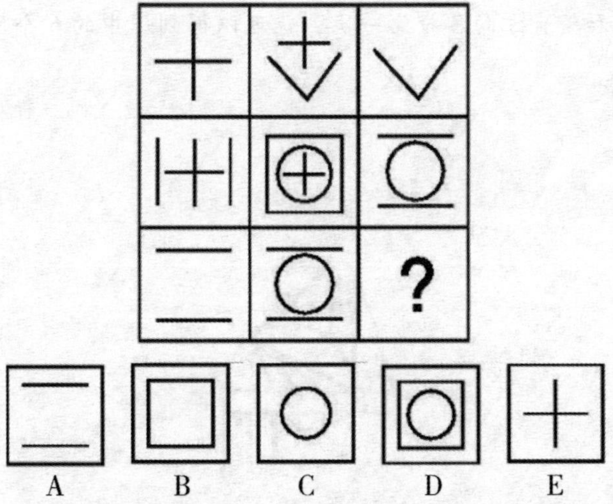

答案：C。它的规律是，每一横排中央的图形减去它左边的图形，就变成它右边的图形。

游戏21

请仔细观察下面第一排的图形变化，找出其中的规律，请问按此规律变化产生的图形序列的下一个，是图形A、B、C、D、E之中的哪一个？

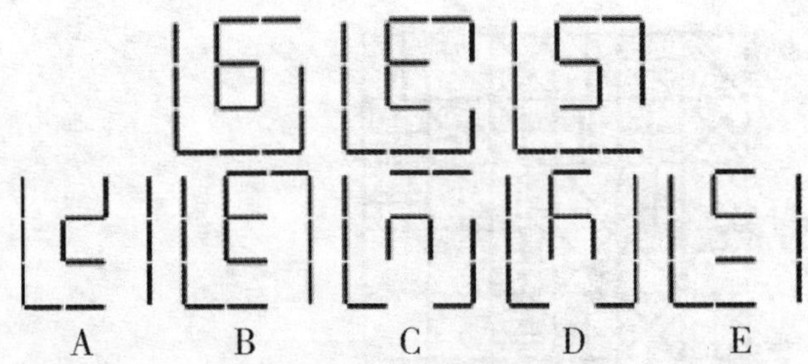

答案：应该选择B。规律是下一个图形的外圈应该在第五条线后空一段，且外圈有10条线，满足条件的是B。

游戏22

下面是一组利用了一些简单的几何原理组成的神秘符号。请试着找出在这6个符号中，哪一个可以作为第7个符号再次出现而又能不破坏整组符号的内在逻辑？

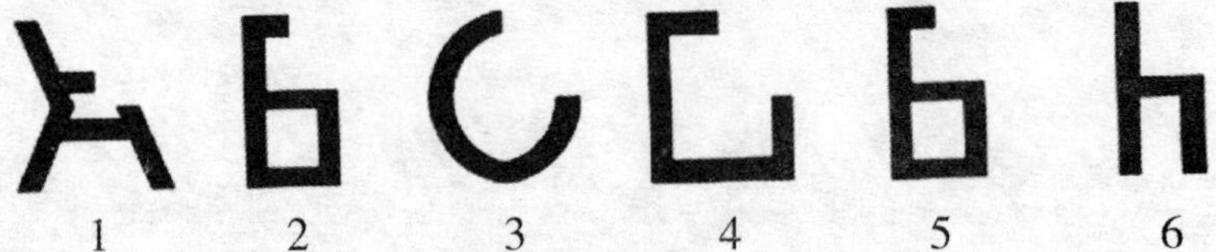

答案：第三个符号可以再次出现。将字母A、B、C、D、E、F分别等分成4部分，取左下角，并沿水平和竖直方向各投影一次，就可以得到题中的6个图形，依据这个逻辑就可以找到答案。

游戏23

如果在A、B、C、D、E各图中某处添上一条线（任何形状的线皆可，但线条不能重叠），哪幅图案能够变成上图所示的形态？

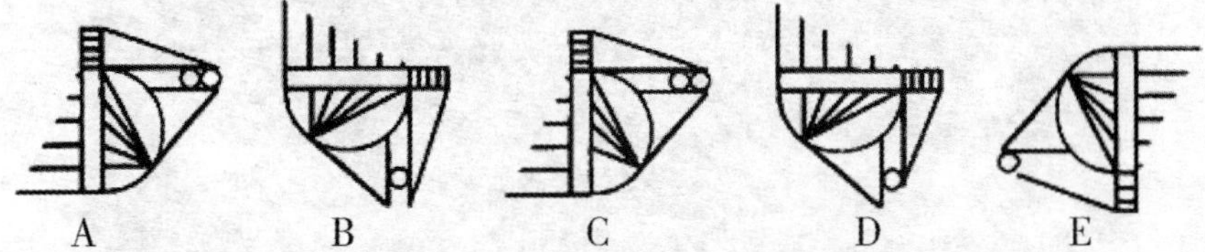

答案：B。B只要再加一个小圆就可以和左图相同。

游戏24

A～E中，哪个图案适合填在“三角形”的顶点，完成谜题？

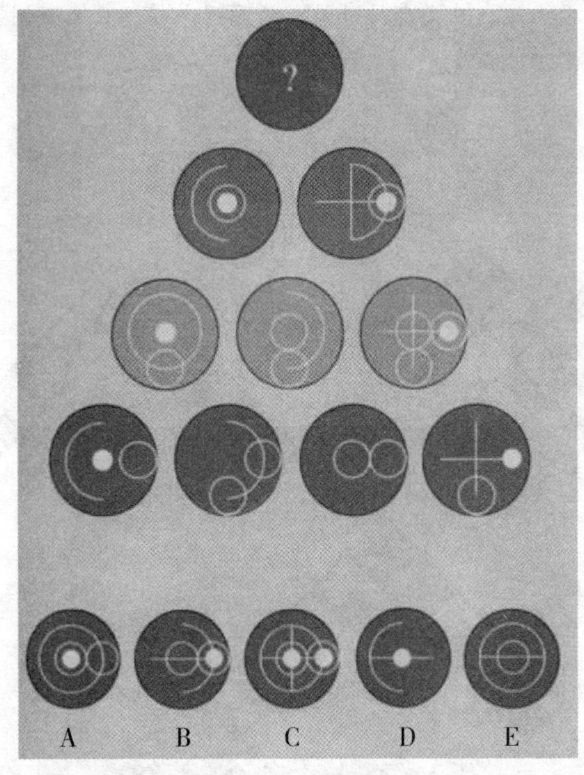

答案：C。相邻的两个圆环内的图形相叠加即为它们上方的图形，叠加时重合的部分消失。

游戏25

按图形变换的规律选出正确选项。

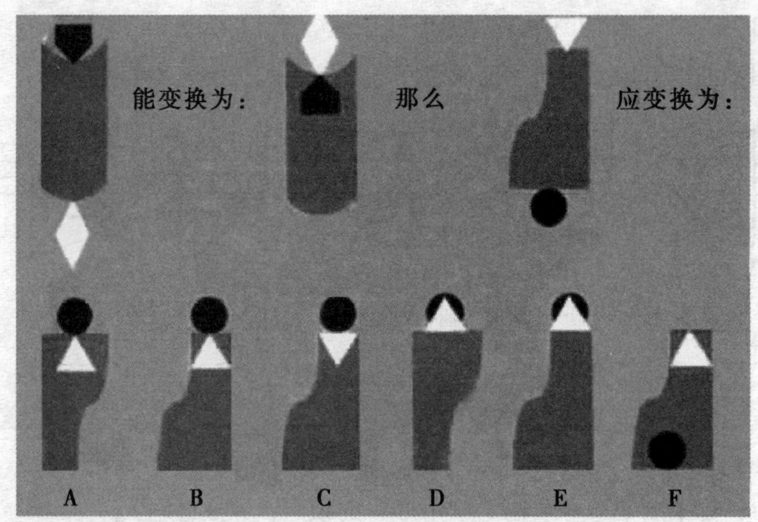

答案：B。圆形移到最上端，三角形掉进最大的图形内部，且上下倒置。

游戏 26

找出转换的规律，选择正确的选项。

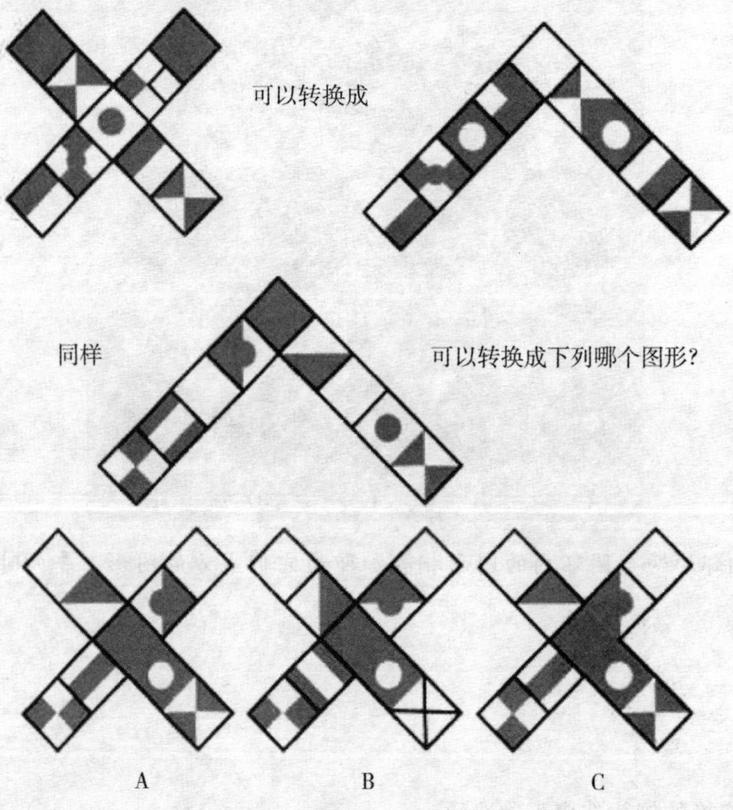

答案：A。两根长条在中间处连接，而不是在顶部连接。另外，颜色深的变成颜色浅的，反之亦然。

游戏 27

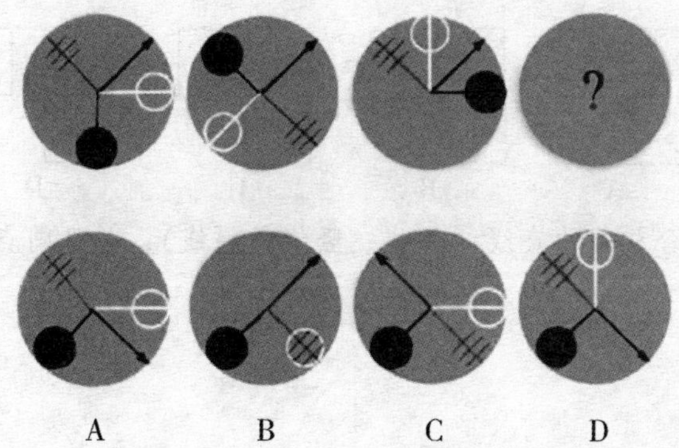

答案：B。箭头保持不变，实心圆顺时针旋转135°，空心圆顺时针旋转135°，带横线的符号旋转180°。

游戏 28

哪一块图案填在图形的空白处合适？

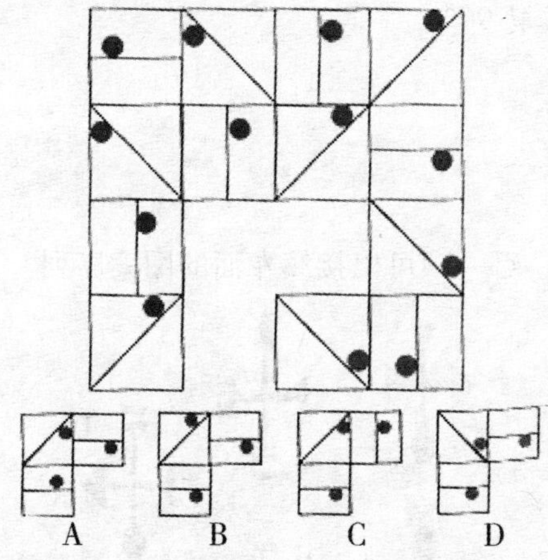

答案：B。每个水平或竖直位置上，间隔图形每次旋转90度。

游戏 29

下图中，A ~ D 四个图形中，哪个适合填在空白处？

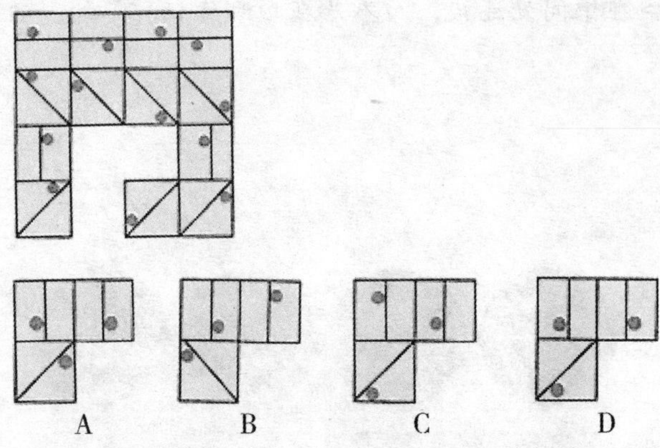

答案：D。每行都包含相同的直线（横线、竖线或斜线），并且圆点处于四个不同位置。

游戏 30

哪一个选项是这一序列中缺少的部分？

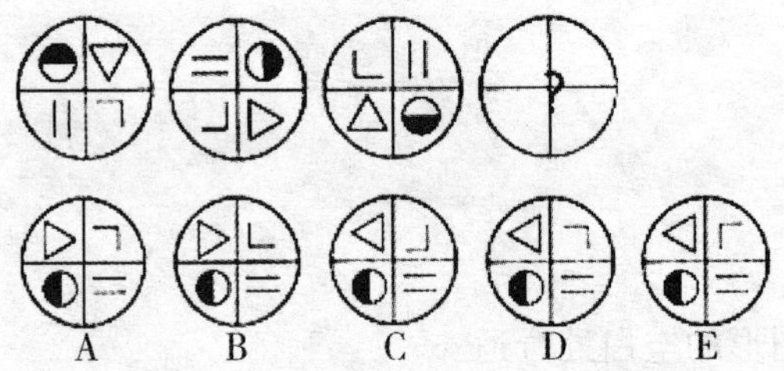

答案：E。每个图形每次旋转90°。

游戏 31

在下面的几个选项中，哪一项可以接续左面的图案序列？

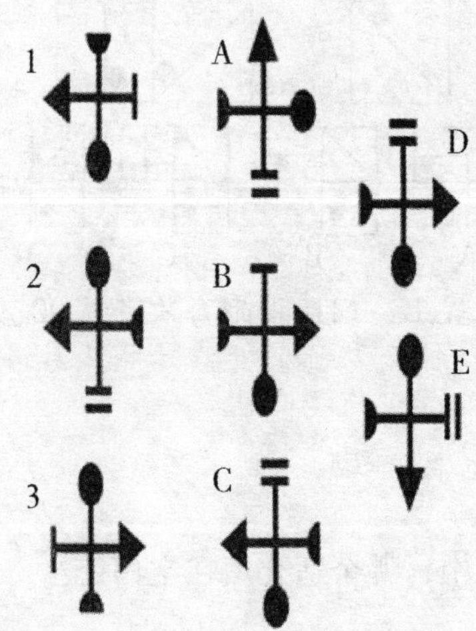

答案：D。半圆按顺时针方向移动。

游戏 32

下面哪个选项能继续上面的序列？

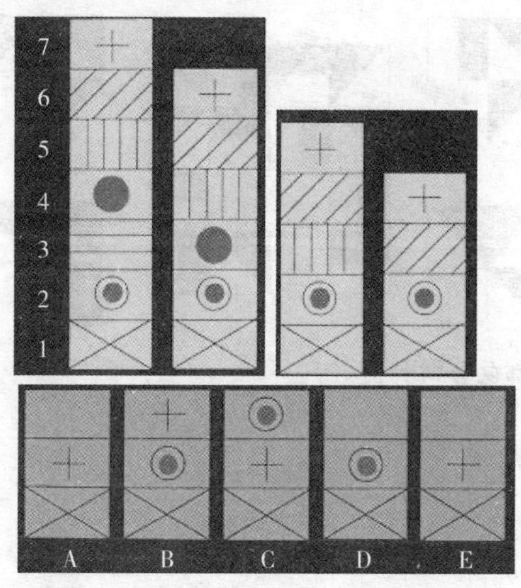

答案：B。每列中从下往上的第三个图形被删除。

游戏 33

下面的几个选项中，哪一个图形应该是上图所缺失的一块？注意找规律。

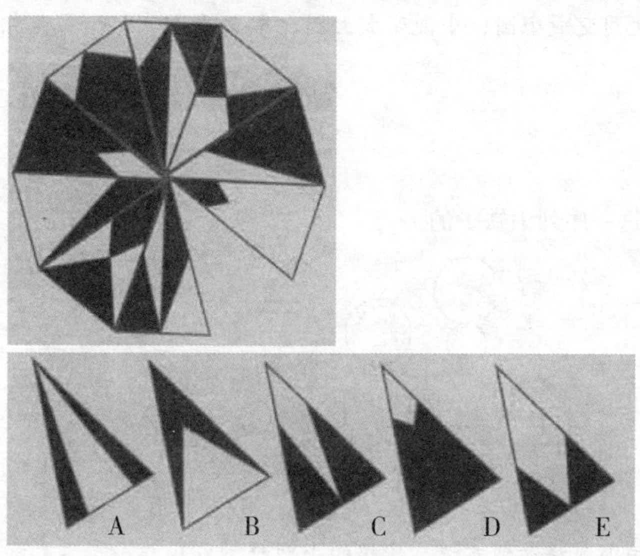

答案：E。相对的两块是中心对称的，只是图中黑白色块正好相反。

游戏 34

A ~ D 四个图格，哪个适合填在空白处？

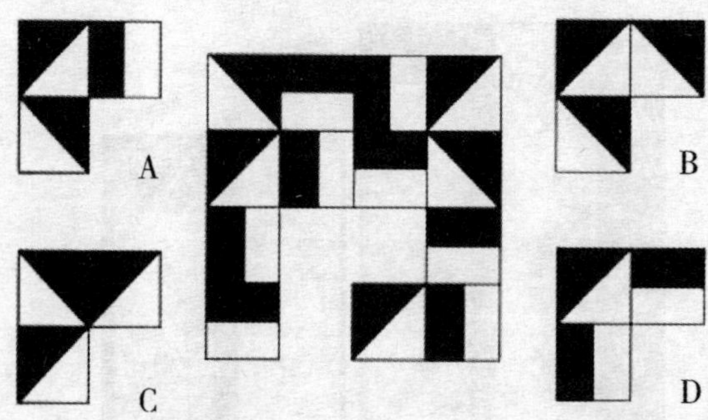

答案：B。每行每列中都包含四种图形。

游戏 35

哪个图形与众不同？

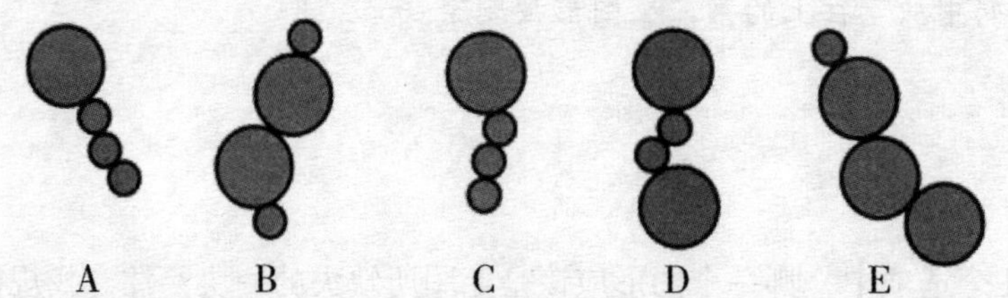

答案：C。如果大圆变成小圆，小圆变成大圆，那 B 和 D、A 和 E 是相同的图形。

游戏 36

哪个选项是这一序列中缺少的？

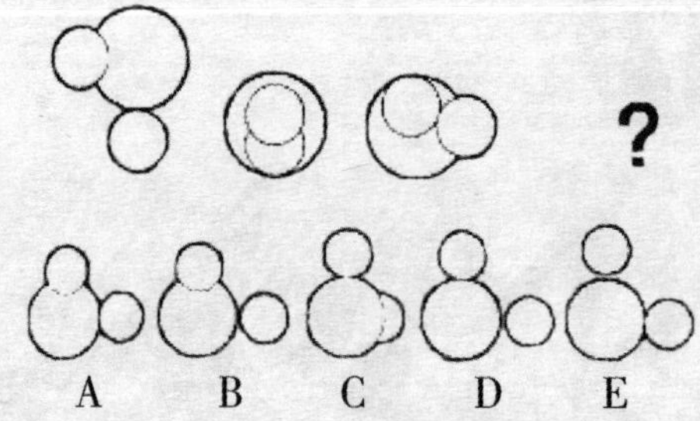

答案：D。左边的小圆移动到右边，底端的小圆移动到顶端。